RAD VERGNÜGEN in und um LEIPZIG

21 1/2 TAGESTOUREN
FEIERABEND-RIDES
WOCHENEND-BIKEAWAYS

EINFACH RAUS!

KAY TSCHERSICH

lebt seit mehr als 30 Jahren in Leipzig. Und doch gibt es für ihn immer wieder Spannendes zu entdecken, nicht nur weil sich Leipzig schneller verändert als manch andere Großstadt. Sein Lieblingsort ist trotzdem unangefochten geblieben: Der ausgedehnte Auwald mit seinem uralten Baumbestand schlägt ihn – gerade als begeisterten Radler – stets aufs Neue in seinen Bann. Das weit verzweigte Wegenetz lädt zu ausgiebigen Radtouren mitten in Leipzig ein.

LIEBE LESERIN, LIEBER LESER,

Leipzig gehört zu den angesagtesten Städten in Deutschland. Zu recht: Neben hippen Cafés und Galerien sprießen „Spätis" und Kneipen, die Museums- und Kulturlandschaft ist legendär und zwischen den stattlichen Gründerzeitvierteln lassen weitläufige Parks viel Raum fürs Durchatmen.

Am besten begibt man sich per Rad auf eine Erkundungstour, wobei ein Ausflug in die Natur durchaus am Rand der City beginnen darf. Von hier leitet das grüne Band des Auwaldes zu den vielen malerischen Seen im Leipziger Neuseenland. Wo früher Schaufelradbagger ganze Landschaften schluckten, blitzen heute blaue Wasserflächen. Einstige Tagebaue verwandelten sich in Seen, die zum Baden und Verweilen einladen. Ein weit verzweigtes Radwegenetz erschließt nun auch die idyllischsten Winkel der Region und verbindet mittelalterliche Burgen mit modernen Denkmälern der Industriekultur.

Die 21 ½ Touren in diesem Band erkunden mit einem Stadt- oder Trekkingbike die schönsten Ecken in und um Leipzig. Kurze Feierabend- und spannende Tagestouren, aber auch zweitägige Miniurlaube lassen viel Raum für Rasten an traumhaften Plätzen oder eine idyllische Einkehr.

Viel Spaß beim Entdecken wünscht

INHALT

DEINE ORIENTIERUNG

APP & GPX-DOWNLOAD

Alle 21 ½ Touren in der KOMPASS App: Dort findest du Livetracking, GPS-Ortung, Offline-Karten und -Touren, Navigation zum Start und viele weitere nützliche Features. Einfach QR-Code scannen und Tour starten. Oder den Menüpunkt *Produkte* in der App wählen. Los geht's!

GPX-Tracks zum Download: www.kompass.de/gpx
Für das Navigationsgerät deiner Wahl haben wir alle Touren auch als GPX-Track auf unserer Homepage.

AUFGESATTELT!

Einlesen, aufsteigen, losfahren // Seite 225–240

Nützliches und unnützes Wissen für deine nächste Fahrradtour

FEIERABEND-RIDES

RAUF AUFS RAD ZUM RUNTERKOMMEN

GRÜN, GRÜNER, AUWALD

Viel Zeit nehme ich mir für den Leipziger Auwald, denn solch eine Artenvielfalt lässt sich anderswo kaum noch entdecken – schon gar nicht inmitten einer Großstadt.

➤ **1 /** Am Leipziger Burgplatz schwingen wir uns in den Sattel, später werden wir die Tour hier auch beenden

➤ **2 /** An der Pferderennbahn Scheibenholz zu einer Bootstour starten

➤ **3 /** Urwüchsige Natur mitten in der Stadt – der Leipziger Auwald

➤ **4 /** Dem Leipziger Wildpark einen Besuch abstatten

➤ **5 /** Idyllischer pausiert man nirgends – das Café Brot & Kees im Kees´schen Park

➤ **6 /** Maritimes Flair genießen am Hafen Zöbigker

➤ **7 /** 180 Stufen zum perfekten Panorama – der Aussichtsturm auf der Bistumshöhe

➤ **8 /** Die Seele baumeln lassen am Strand des „Cossi"

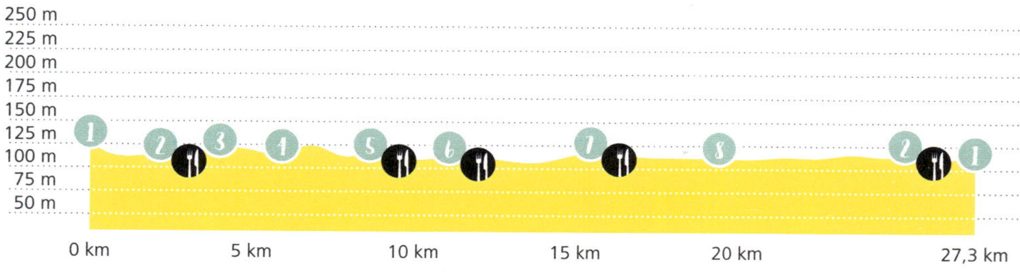

Leipzig maritim

Durch den Auwald zum Cospudener See

Wir starten zentral in Leipzig und radeln durch einige der schönsten innerstädtischen Parks. Dann leiten uns Weiße Elster und die Pleiße durchs dichte Grün des Auwaldes bis zum beliebtesten Ausflugsziel der Leipziger – dem Cospudener See.

27 Kilometer
35 Höhenmeter
2:15 Stunden
Rundtour

Aufsatteln!
Mitten in Leipzigs Innenstadt starten wir am 1 / Burgplatz. Unübersehbar dominiert die mächtige Rückfront des 1897 erbauten Neuen Rathauses den Platz – der Turm ist immerhin fast 115 m hoch. Wir lassen den Koloss aus Muschelkalk zurück, rollen durch die Lotterstraße zur Ampelkreuzung und queren diese zum beschilderten Radweg gegenüber. Auf diesem geht es an der nächsten Ampel über die Friedrich-Ebert-Straße hinweg und hinein in den romantischen Johannapark. Der Leipziger Bankier Wilhelm Seyfferth ließ diesen vor mehr als 150 Jahren zur Erinnerung an seine im Alter von 21 Jahren verstorbene Tochter Johanna anlegen. Eine Portion Schuldbewusstsein war hier offensichtlich auch im Spiel, denn die junge Frau zerbrach am väterlichen Willen, der sie in eine unglückliche – aber standesgemäße – Ehe

Sportlich ●●○○○
Abkühlung ●●●●●
Schlemmen ●●●●○
Panorama ●●●○○

◂ **links / Der Aussichtsturm auf der Bistumshöhe bietet den besten Blick über den „Cossi", den Cospudener See**

zwängte. Wir rollen am idyllischen und von malerischen Brücken überspannten Teich vorüber und kreuzen die Edvard-Grieg-Allee. Jenseits setzt sich das innerstädtische Grün als Clara-Zetkin-Park fort. Dieser vereinigt seit 1955 neben dem Johannapark noch drei weitere historische Grünanlagen zu Leipzigs größter Parkanlage. Die Gebäude der Kulturparkbewegung der 1950er Jahre – Freilichtbühne, Café, Pavillon am Spielplatz und das Gebäude des Schachzentrums – sind mittlerweile wiederbelebt worden. Die Radwegbeschilderung führt die Tour gleich hin zur Anton-Bruckner-Allee, auf der wir das kurze Stück bis zur Sachsenbrücke zurücklegen. Vor dieser schwenkt die Route links und verläuft nun am Elsterflutbecken entlang in Richtung Markkleeberg.

UNTER VOLLEN SEGELN

Der meist wehende Westwind bietet beste Voraussetzungen für Segler sowie Wind- und Kitesurfer am 8 / Cospudener See. Am Pier 1 werden eine ganze Reihe von Kursen angeboten.

Platz oder Sieg?

Gleich geht es an der traditionsreichen 2 / Pferderennbahn Scheibenholz vorbei. Deren Eröffnungsrennen fand am 14. September 1867 statt. Und noch heute können Pferdefans ihren Favoriten von der Tribüne aus zujubeln und auf Platz oder Sieg wetten. Auch zwischen den Renntagen haben hier ein Restaurant mit Biergarten und ein Bootsverleih ihre Pforten geöffnet. Vielleicht magst du ja für ein Stündchen den Radlenker gegen ein Paddel eintauschen und Leipzig vom Wasser aus erkunden? Unsere Tour erreicht die Mündung der Pleiße in die Weiße Elster und überquert den verkehrsreichen Schleußiger Weg an der Ampel. Du radelst nun rechts der Pleiße in Richtung Markkleeberg weiter und passierst eine Schleuse. Nach nur wenigen Pedaltritten gelangt die Route zu einer Brücke und verläuft links über diese hinweg. Gleich danach biegst du rechts und bleibst auf dem folgenden Abschnitt stets auf dem ufernahen Weg.

➤ rechts groß / Glasklar ist das Wasser des Cospudener Sees ➤ rechts klein / Das Pier 1 am Cospudener See

109 MIO.

… Kubikmeter glasklares Wasser füllen den 8 / Cospudener See. Das Gewässer im ehemaligen Tagebau hat sich zum bevorzugten Ausflugsziel der Leipziger entwickelt – kein Wunder, gibt es hier doch den längsten Sandstrand Sachsens …

OASE DER RUHE

Wer dem Trubel am Cospudener See entfliehen will, ist im verträumten **5 / Kees'schen Park** genau richtig. Besonders schön ist es hier zur Rhododendronblüte im Frühjahr.

URSPRÜNGLICHE FLUSSLANDSCHAFT

Wo Leipzig am grünsten ist

In weiten Schwüngen mäandert die Pleiße durch den 3 / Auwald – hier konnte der Fluss seinen ursprünglichen Lauf beibehalten, obwohl er sonst zu den am stärksten veränderten und genutzten Fließgewässern in Mitteleuropa zählt. Vor allem der Braunkohlebergbau im Leipziger Südraum hat dazu beigetragen. Kaum zu glauben angesichts der hiesigen Idylle rechts und links des Weges. Träge strömt die Pleiße der Weißen Elster zu, während Vogelgezwitscher aus den mächtigen Kronen der Baumriesen schallt. Was für eine urwüchsige Natur mitten in der Großstadt! Uferbänke bieten sich zur Rast an. Wir gelangen schließlich zur Hakenbrücke mit ihrem leuchtend rotem Geländer. Hier schwenkst du rechts in Richtung Cospudener See ein. Der breite Weg leitet am Wildschweingehege des 4 / Leipziger Wildparks vorüber – zur Freude (nicht nur) der Kinder tummeln sich oft zahlreiche Frischlinge auf dem Areal. Bevor wir geradewegs am Elchgehege entlangradeln, lohnt der Abstecher auf das weitläufige Tierparkgelände mit seinen mehr als 250 Bewohnern.

Schlemmen am Kees´schen Park

Die Route stößt schließlich auf den Equipagenweg, unterquert entsprechend unserer Destination Cospudener See die Bahnlinie und kreuzt an der Ampel den Ziegeleiweg. Geradewegs surren die Pneus nun bald durch das schmucke Adlertor des 5 / Kees´schen Parks. Neben dem barocken Tor hat sich in dem ruhigem und von alten Bäumen beschatteten Gelände auch das Palmenhaus der ehemaligen Orangerie erhalten. Am Fuße der Markkleeberger Luther-Kirche erwartet dich das traumhaft am Rande des Parks gelegene Cafè Brot & Kees (Di–So 9–18 Uhr, www.brotundkees.de). Im Schatten einer alten Linde kann man leckere Eissorten probieren – wie wär´s mit der Buttermilch-Sanddorn-Variante? Auch das üppige Kuchenangebot (Schmand-Aprikose mit Streuseln!) erfordert Entscheidungsfähigkeit. Gestärkt hältst du dich am Sträßchen rechts und erreichst nach wenigen Pedaltritten den Cospudener See, Leipzigs wohl beliebtestes Ausflugsziel. Entsprechend voll kann es hier auf dem Uferweg werden – man teilt sich die Asphaltbahn mit Inlineskatern, Spaziergängern und auf Laufrädern „mäandrierenden" Kleinkindern. Dabei orientieren wir uns an der Destination Zöbigker.

Tierisches Vergnügen

Mitten im Leipziger Auwald hat seit mehr als 100 Jahren der 4 / Leipziger Wildpark seine Pforten geöffnet. Waschbär und Luchs, Elch und Wisent sind hier ganz aus der Nähe zu beobachten. Tierpatenschaften können übrigens auch übernommen werden: Bei der Sumpfschildkröte ist man schon mit 50 € dabei.

‹ links / Grünes Paradies Auwald ^ oben / Am Cospudener See

SCHIFF AHOI!

Beim Pier 1 am 6 / Hafen Zöbigker werden auch Tret- und Ruderboote vermietet, mit denen die ganze Familie in See stechen kann. Tretboote gibt's sogar mit Kinderrutsche ...

Vom Tagebau zum Segelrevier

Zahlreiche Badestellen am Wege verlocken zur Abkühlung, doch schließlich erreichst du den 6 / Hafen Zöbigker mit dem Wassersportzentrum Pier 1. Am 100 m langen schwimmenden Pier haben zahlreiche Segelboote festgemacht, die Hafengebäude versprühen skandinavisches Flair und beherbergen neben Café und Restaurant auch Surf-, Tauch- und Segelschulen. Kaum zu glauben, dass hier noch bis 1992 turmhohe Schaufelradbagger Braunkohle abbauten. Erst durch die im Jahr 2000 abgeschlossene Flutung entstand der über 400 ha große „Cossi". Du umrundest den Südzipfel des Sees und kommst am Fuße der 7 / Bistumshöhe zum Stehen. Die Besteigung des Aussichtsturmes solltest du dir nicht entgehen lassen! Außerdem kannst du dich am hiesigen Kiosk mit den vielleicht besten Crêpes der Stadt verwöhnen lassen. Auf dem Uferweg gelangen wir zum Weiser beim Knotenpunkt 26 – wo sich noch einmal die Gelegenheit zur Abkühlung am 8 / Strand bietet, bevor wir dem „Cossi" den Rücken kehren. Am Weiser halten wir uns dann in Richtung Großzschocher, queren das Elsterflutbecken und radeln auf dem Asphaltweg bis zur Brückenstraße. An dieser schwenkt die Tour rechts, überquert nach 300 m die Ampel und biegt nach dem Bahnübergang rechts ins Sträßchen „Teil". Auf der anderen Seite des Elsterflutbeckens nutzt du nun den Deichweg am Waldrand, der dich zum verkehrsreichen Schleußiger Weg bringt. Auch hier überschreiten wir die Ampel und erreichen, vorbei an der 2 / Rennbahn, wieder das Zentrum Leipzigs und den 1 / Burgplatz.

VOGEL-SCHAU

Den besten Überblick über den „Cossi" verschafft die Besteigung des Turms auf der 7 / Bistumshöhe. Für die Mühen des Aufstiegs belohnt man sich dann mit einem leckeren Crêpe vom Kiosk an gleicher Stelle.

TOURENINFO / Gut geeignet für Familien mit Anhänger. Asphaltierte Radwege und befestigte Waldwege. Badesachen einpacken!

➤ **1 /** Burgplatz ➤ **2 /** Pferderennbahn Scheibenholz ➤ **3 /** Leipziger Auwald
➤ **4 /** Leipziger Wildpark ➤ **5 /** Kees'scher Park ➤ **6 /** Hafen Zöbigker
➤ **7 /** Bistumshöhe ➤ **8 /** Strand am „Cossi"

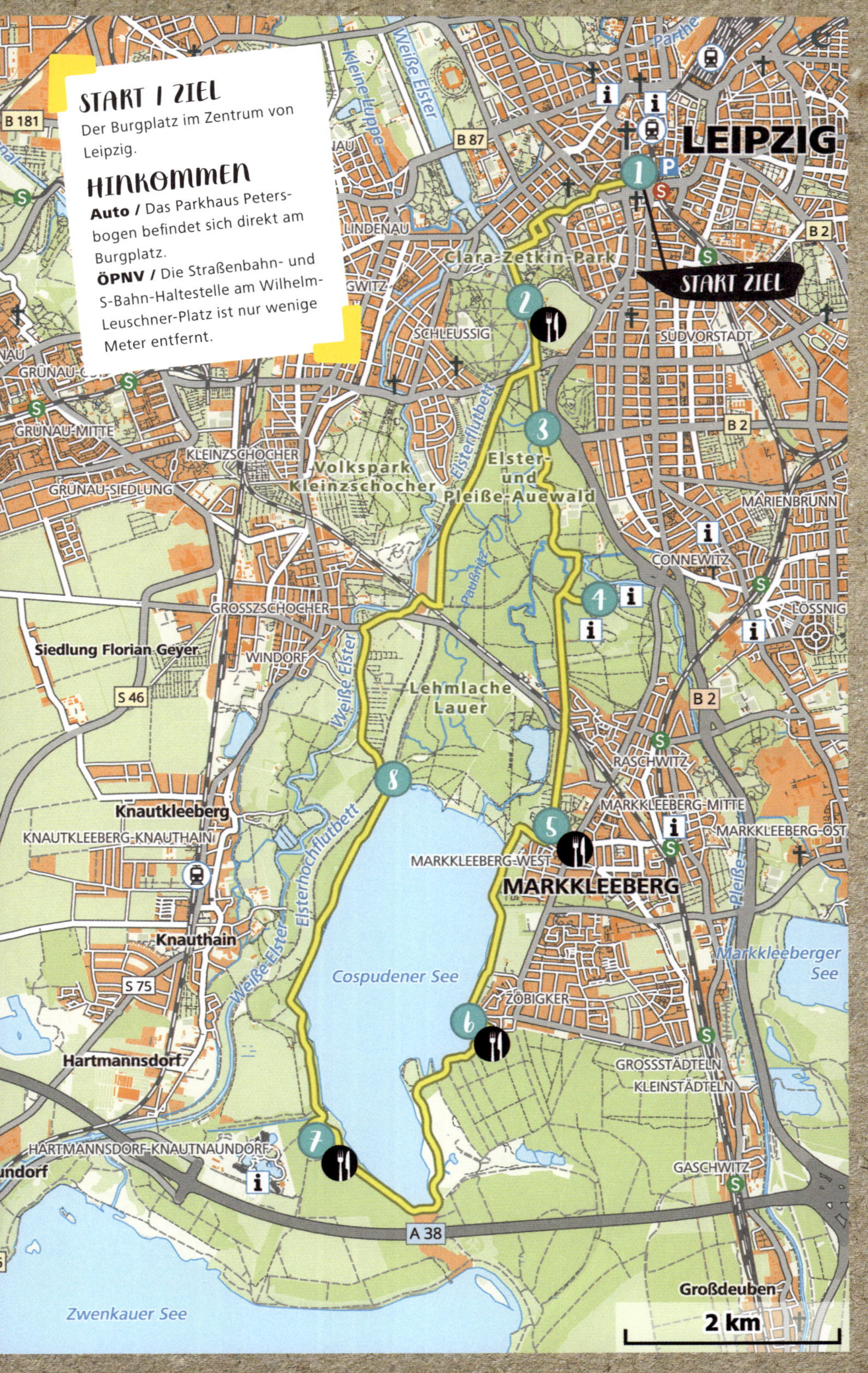
START / ZIEL
Der Burgplatz im Zentrum von Leipzig.
HINKOMMEN
Auto / Das Parkhaus Petersbogen befindet sich direkt am Burgplatz.
ÖPNV / Die Straßenbahn- und S-Bahn-Haltestelle am Wilhelm-Leuschner-Platz ist nur wenige Meter entfernt.
LEIPZIG
START ZIEL
Clara-Zetkin-Park
SCHLEUSSIG
SÜDVORSTADT
LINDENAU
Volkspark Kleinzschocher
KLEINZSCHOCHER
Elster- und Pleiße-Auewald
GRÜNAU-MITTE
GRÜNAU-SIEDLUNG
MARIENBRUNN
CONNEWITZ
LÖSSNIG
GROSSZSCHOCHER
Siedlung Florian Geyer
WINDORF
Lehmlache Lauer
RASCHWITZ
MARKKLEEBERG-MITTE
MARKKLEEBERG-OST
MARKKLEEBERG-WEST
MARKKLEEBERG
Knautkleeberg
KNAUTKLEEBERG-KNAUTHAIN
Knauthain
Cospudener See
Markkleeberger See
ZÖBIGKER
Hartmannsdorf
GROSSSTÄDTELN
KLEINSTÄDTELN
HARTMANNSDORF-KNAUTNAUNDORF
GASCHWITZ
Zwenkauer See
Großdeuben
Weiße Elster
Kleine Luppe
Elsterflutbett
Elsterhochflutbett
Pleiße
Parthe
B 181
B 87
B 2
S 46
S 75
A 38
2 km

ERFRISCHUNG PUR!

Ich lasse selten ein Bad im Kulkwitzer See aus – immerhin gehört er wegen seines glasklaren Wassers zu den beliebtesten deutschen Tauchrevieren!

- **1 /** Beim Bahnhof von Zwenkau-Großdalzig starten wir unsere Tour
- **2 /** Beim Rittergut in Kitzen den romantischen Park erkunden
- **3 /** Der Töpferin in ihrer Werkstatt auf dem Töpferhof über die Schulter schauen
- **4 /** Im gemütlichen Biergarten des Gasthofs Grüne Eiche pausieren
- **5 /** Im Strandbad Markranstädt ins erfrischende Wasser des Kulkwitzer Sees springen
- **6 /** Mutprobe gefällig? Die Wasserskiliftanlage liegt direkt am Weg!
- **7 /** Absatteln beim S-Bahnhof Miltitzer Allee

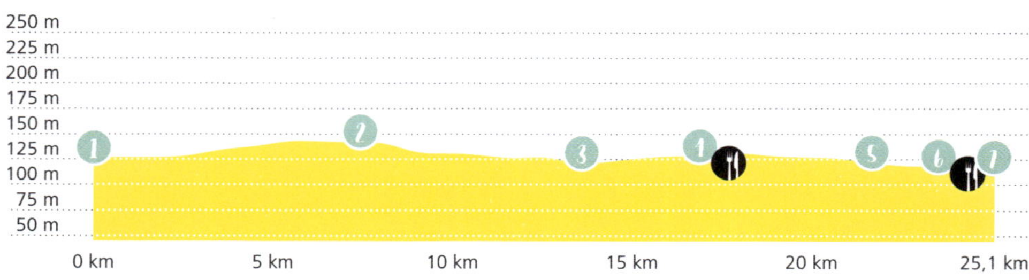

Leipzigs grüner Ring

Durch ländliches Idyll zum Kulkwitzer See

Wir radeln ein Stück auf dem Leipziger Grünen Ring, der uns durch idyllische kleine Dörfchen und schließlich hin zum glasklaren Kulkwitzer See führt – wie geschaffen für eine Abkühlung nach der Tour.

25 Kilometer
15 Höhenmeter
2 Stunden
Streckentour

Dorfidylle vor den Toren Leipzigs

Beim kleinen 1 / Bahnhof von Zwenkau-Großdalzig steigen wir aufs Rad und lassen uns nun vom Radwegsymbol des Grünen Rings Leipzig leiten. Entsprechend radeln wir auf dem kleinen Landsträßchen in Richtung Seegel. Nahe des Ortseingangs von Peißen folgen wir der Radwegbeschilderung an der Vorfahrtsstraße nach links, um wenige Pedaltritte weiter dann rechts nach Werben einzubiegen. Die Route verläuft nun durch das winzige Seegel und orientiert sich in Werben zur Kirche hin. Im rustikalen Gasthof Grüne Eiche gleich nebenan wird deftige Hausmannskost angeboten – legendär ist das leckere Bauernfrühstück. Auf der Pegauer Straße verlassen wir das idyllische Dorf und passieren gleich die Landhausanlage Wunderbrunnen. Seit 1580 sprudelt auf dem Privatgelände eine Heilquelle. 1898 wurde der Born in einem Brunnenhaus gefasst, das Was-

Charakter
Sportlich ●●○○○
Abkühlung ●●●●●
Schlemmen ●●○○○
Panorama ●●●○○

◂ links / Mitten im Dorf – die Kirche in Werben

ser abgefüllt und ausgeschenkt. Die Fassadenbeschriftung erinnert noch an das ehemalige Ausflugslokal. Heute werden hier liebevoll sanierte Ferienwohnungen vermietet.

Rittergut mit Historie

Der kurvige Straßenverlauf führt uns nun durch Sittel und Thesau. Schon wenig später holperst du auf etwas ruppigem Pflaster durch Kitzen. Im Ort lohnt der kurze Abstecher zum schön restaurierten 2 / Rittergut, dessen wechselvolle Geschichte mit einer Vielzahl unterschiedlicher Besitzer verbunden ist. Auf keinen Fall solltest du einen Besuch des kleinen Parks hinter dem Herrenhaus verpassen – im Schatten der dicht belaubten Bäume lässt es sich wunderbar rasten. Im Zentrum der Anlage erinnert ein Gedenkstein an Theodor Körner, der 1813 während der Befreiungskriege gegen Napoleon ganz in der Nähe verwundet wurde und nur knapp dem Tode entrann. Der Text auf dem Denkmal stammt von ihm selbst: „Die Wunde brennt, die bleichen Lippen beben." Die Zeilen leiten das Sonett ein, welches der Freiheitskämpfer – den nahen Tod vor Augen – versteckt in einem Gehölz verfasste.

2.600 TALER

Die Baukosten für die Schkeitbarer Kirche betrugen stattliche 2.600 Taler. Für die später erworbene Orgel musste auf den Kreuzer genau die gleiche Summe gezahlt werden.

Ausflug in die Töpferwerkstatt

Die Beschilderung lotst uns nun nur kurz auf die Straße in Richtung Lützen, bevor wir auf der Dr.-Otto-Kunzmann-Straße Kitzen verlassen. Durch ausgedehnte Felder radeln wir auf dem befestigten Weg zur Autobahn und über diese hinweg. Bald steuert die Route die rechter Hand liegende und weithin sichtbare Kirche von Schkeitbar an. Das Bauwerk stammt von 1742. Ein halbes Jahrhundert später wurde es mit einer Orgel aus der Werkstatt von Johann Gottfried Krug ausgestattet. Bereits nach wenigen Tritten in die Pedale bleibt das Dorf auch schon zurück. Wir rollen auf der Schkeitbarer Straße

---

➤ rechts groß / Bahnradweg bei Seebenisch ➤ rechts klein / Das Rittergut Kitzen ist von einem Park umgeben

KM 7

Im Park des 2 / Rittergutes Kitzen erinnert ein Denkmal an Theodor Körner. Während der Befreiungskriege schloss sich der Verfasser des Gedichts „Lützows wilde Jagd" dem legendenumwobenen Lützowschen Freikorps an. Bei Kitzen wurde er im Juni 1813 schwer verwundet und überlebte nur knapp. 2 Monate später fiel er bei einem Gefecht in Norddeutschland.

AM DACHBODEN STÖBERN

Im 3 / Töpferhof kann nicht nur im Laden, sondern auch auf dem Dachboden zwischen hausgemachter Marmelade, Seife und originellem Kinderspielzeug gestöbert werden.

durch Räpitz und biegen kurz vor dem Ortseingang von Schkölen rechts auf den Radweg nach Schkeuditz ein. Zuvor solltest du allerdings noch einen Blick in den Kalender werfen – von Donnerstag bis Samstag hat in Schkölen der 3 / Töpferhof von Ulrike Rost seine Pforten geöffnet. Hier kann man der Töpferin bei der Arbeit über die Schulter schauen, sich selbst im Rahmen eines Kurses an der Töpferscheibe versuchen oder im Laden die wundervolle Keramik bestaunen (Hunnenstr. 36, 04420 Schkölen, Do, Fr 15–20, Sa 10–14, www.toepferhof-rost.de). Schließlich setzt sich die Tour auf dem perfekt präparierten Radweg auf einem ehemaligen Bahndamm in Richtung Schkeuditz fort. Auf diesem surren die Pneus aber nur bis in die Ortslage von Seebenisch, dann leitet uns die Beschilderung des Grünen Rings auf die Ernst-Thälmann-Straße. Du folgst nun der Destination Kulkwitz und solltest auf dem nächsten Wegabschnitt auf den hier etwas stärkeren Verkehr achten.

DER TÖPFERIN ÜBER DIE SCHULTER SCHAUEN

Dem Mittelalter auf der Spur

Im nahen Gärnitz liegt der 4 / Gasthof Grüne Eiche mit seinem schattigen Biergarten am Wegesrand – eine gute Gelegenheit für eine entspannte Rast (Mi–Sa 17–23, So 11–14, 17–23, www.gasthof-grueneeiche-kulkwitz.de). Nur ein kurzes Wegstück trennt uns nun von der trutzigen Kulkwitzer Wehrkirche. Der romanische Bau stammt aus dem 12. Jahrhundert und zählt zu den ältesten in Sachsen. Spektakulär sind vor allem die 2015 entdeckten mittelalterlichen Wandmalereien in der Chorapsis. Nur 50 m weiter biegen wir dann in die Markranstädter Straße ein. Als befestigter Weg leitet sie uns bald durch lichten Laubwald bis zum Ortsrand von Markranstädt. Hier radelst du auf der Südstraße weiter, ignorierst an deren Ende die abbiegende Radwegbeschilderung und folgst nun 300 m der verkehrsreichen Zwenkauer Straße bis zum Markt mit der sehenswerten St. Laurentiuskirche. Am Fuß des 800 Jahre alten Bauwerks geht es auf dem Weißbachweg weiter. An der Parkstraße hältst du dich rechts, überquerst die Leipziger Straße

32 m

Der bis zu 32 m tiefe „Kulki" ist nicht nur wegen seiner guten Sichttiefen und der Fauna mit großen Krebsen und 2 m langen Welsen ein beliebtes Tauchgewässer. Am Seegrund wurde eigens eine Unterwasserlandschaft geschaffen, zu der auch ein versenktes Kleinflugzeug gehört.

< links / Blitzeblau und glasklar – der Kulkwitzer See ^ oben / Die uralte Wehrkirche in Kulkwitz

und schwenkst gleich in die Karlstraße ein. Diese mündet schließlich an ihrem Ende bei einem Spielplatz auf einen Radweg. Auf diesem rollst du weiter.

Leipzigs Tauchereldorado

Gleich kann dein Blick über die blaue Wasserfläche des Kulkwitzer Sees schweifen. Der„Kulki" ist bereits 1973 aus der Flutung zweier Tagebaurestlöcher entstanden. Dank seiner guten Sichttiefen und der beeindruckenden Unterwasserflora und -fauna zählt er zu den 10 besten deutschen Tauchgewässern. Du radelst auf dem Rundkurs oberhalb des Ufers nach links und erreichst gleich das Markranstädter 5 / Strandbad mit großen Liegewiesen und schwimmenden Plattformen – die perfekte Gelegenheit für eine Abkühlung also. Nach einem erfrischenden Bad kannst du es dir erst einmal auf der Wiese bequem machen und die Beine ausstrecken, bevor du wieder aufs Rad steigst. Wir bleiben nun auf dem Radweg dicht am Ufer und gelangen schließlich zur 6 / Wasserskiliftanlage. Wer mag, kann sich hier ausprobieren – von einer Seilwinde wird man über den See gezogen. Nervenkitzel ist auf jeden Fall garantiert. Das angeschlossene Café lädt aber auch ganz risikofrei zur Rast auf der schönen Terrasse ein. Wir bleiben nun noch kurz auf dem Uferweg und schwenken erst vor dem ausgedienten Saale-Lastkahn MS Frieda links ein. Der Asphaltweg bringt uns zu einer großen Kreuzung, wo wir nun der Lützower Straße bis zum nahen 7 / S-Bahnhof Miltitzer Allee folgen.

MS FRIEDA

Der über 50 m lange Elb-Saale-Lastkahn tat mehr als 50 Jahre seinen Dienst, bevor er 1971 ausrangiert wurde. Seitdem ist das Schiff am Ufer des „Kulki" auf dem Trockenen vor Anker gegangen und dient heute als Eventlocation.

TOURENINFO / Zumeist wenig befahrene Landstraßen und Radwege, nur kurz vor Kulkwitz und in Zwenkau stärkerer Verkehr. Kinder sollten das kurze Stück entlang der Zwenkauer Straße in Zwenkau schieben. Badesachen nicht vergessen!

➤ **1** / Bahnhof von Zwenkau-Großdalzig ➤ **2** / Rittergut ➤ **3** / Töpferhof
➤ **4** / Gasthof Grüne Eiche ➤ **5** / Strandbad ➤ **6** / Wasserskiliftanlage
➤ **7** / S-Bahnhof Miltitzer Allee

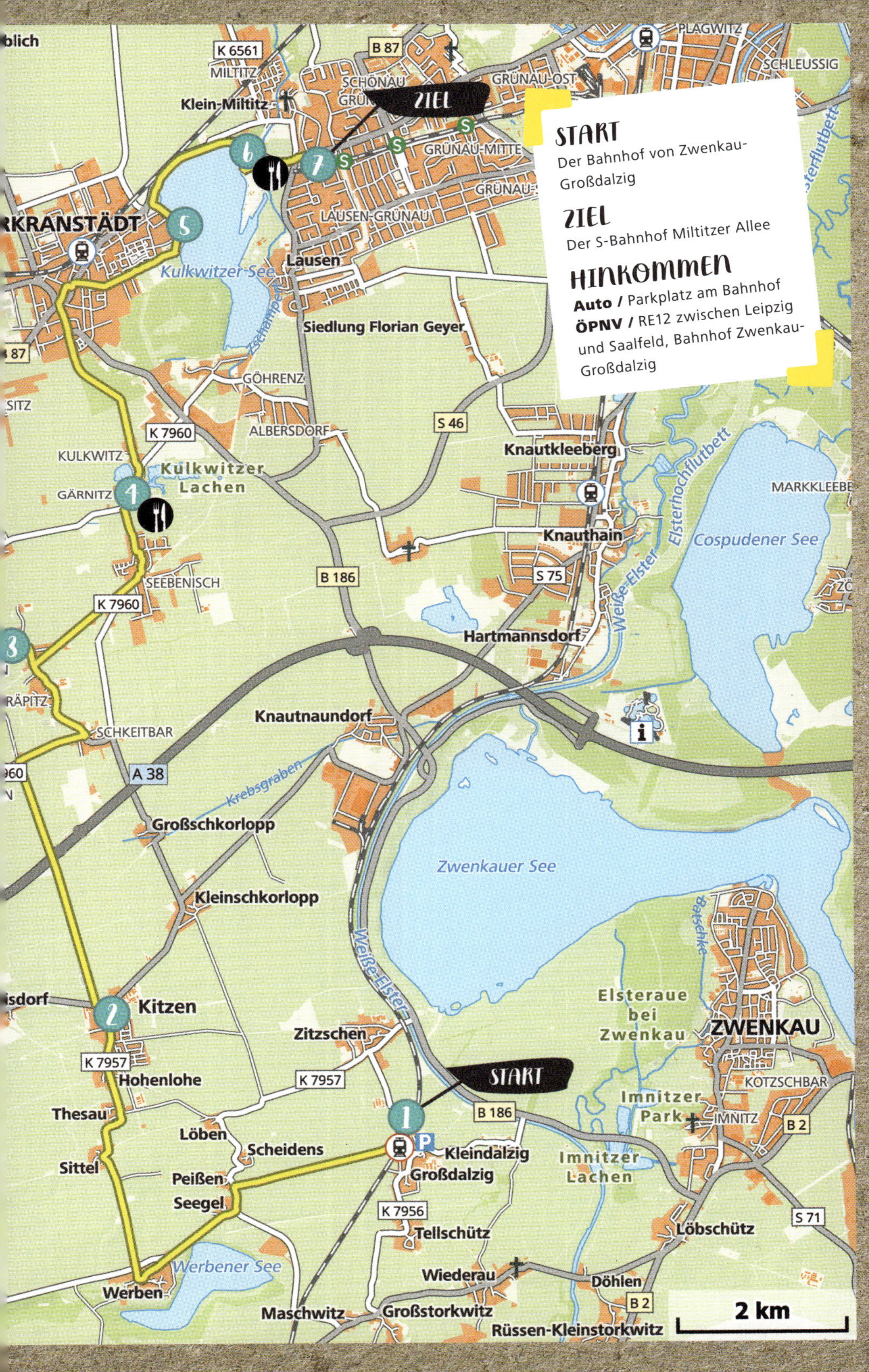
START
Der Bahnhof von Zwenkau-Großdalzig
ZIEL
Der S-Bahnhof Miltitzer Allee
HINKOMMEN
Auto / Parkplatz am Bahnhof
ÖPNV / RE12 zwischen Leipzig und Saalfeld, Bahnhof Zwenkau-Großdalzig
ZIEL
START
Klein-Miltitz
MILTITZ
SCHÖNAU
GRÜNAU-OST
GRÜNAU-MITTE
LAUSEN-GRÜNAU
Lausen
PLAGWITZ
SCHLEUSSIG
Kulkwitzer See
Siedlung Florian Geyer
GÖHRENZ
ALBERSDORF
KULKWITZ
GÄRNITZ
Kulkwitzer Lachen
SEEBENISCH
Knautkleeberg
Knauthain
MARKKLEEBERG
Cospudener See
Hartmannsdorf
Elsterhochflutbett
Weiße Elster
SCHKEITBAR
Knautnaundorf
Krebsgraben
Großschkorlopp
Kleinschkorlopp
Zwenkauer See
Elsteraue bei Zwenkau
ZWENKAU
KOTZSCHBAR
Imnitzer Park
IMNITZ
Kitzen
Hohenlohe
Zitzschen
Thesau
Löben
Scheidens
Kleindalzig
Großdalzig
Imnitzer Lachen
Sittel
Peißen
Seegel
Tellschütz
Löbschütz
Werbener See
Werben
Wiederau
Döhlen
Maschwitz
Großstorkwitz
Rüssen-Kleinstorkwitz
K 6561
B 87
K 7960
S 46
B 186
S 75
A 38
K 7957
K 7956
B 2
S 71
2 km

FLOHMARKT!

Ich lege die Kanaltour gern auf ein Wochenende, findet doch alle zwei Wochen ein Flohmarkt im Westwerk statt. Termine gibt´s im Internet: www.kiezflohmarkt-plagwitz.de!

➤ **1 /** Vom Plagwitzer Bahnhof radeln wir zum Karl-Heine-Kanal

➤ **2 /** Im Szeneviertel das Kunstquartier Westwerk erkunden

➤ **3 /** Auf den Ufertreppen des Kanals die Beine baumeln lassen

➤ **4 /** Im Lindenauer Hafen beeindrucken uns die riesigen Speicheranlagen

➤ **5 /** Im Gasthaus Schlosskrug eine Pause einlegen

➤ **6 /** Den Biergarten der Domholzschänke mitten im Auwald ansteuern

➤ **7 /** Die Aussichtsplattform bei der Auwaldstation erklimmen

➤ **8 /** Beim Bahnhof Lützschena vom Rad steigen

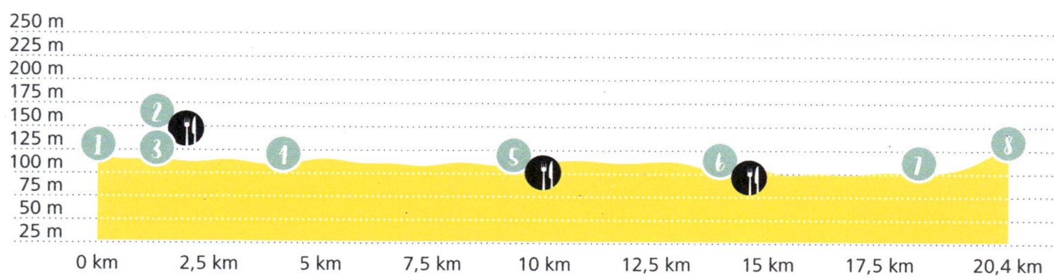

KANALTOUR

Am Karl-Heine- und am Elster-Saale-Kanal entlang zum Leipziger Auwald

Wir radeln an alten Kanälen, bestaunen Leipzigs historische Industriearchitektur und genießen schließlich das satte Grün des Auwaldes und des Lützschenaer Schlossparks.

20 Kilometer
15 Höhenmeter
1:45 Stunden
Streckentour

CHARAKTER

Sportlich ●●○○○
Abkühlung ●●○○○
Schlemmen ●●●○○
Panorama ●●●●○

Von der Industriebrache zum Szeneviertel
Beim 1 / Plagwitzer Bahnhof steigen wir aufs Rad, folgen der Naumburger Straße, ignorieren einen sofort links abgehenden Radweg und biegen dann – 15 m vor der Zollschuppenstraße – links auf den Radweg ein. Nach knapp 200 m wählen wir an der Gabelung die linke Variante und queren schließlich die Gießerstraße gerade. Gleich entscheidest du dich an der Verzweigung erneut für den linken Weg. Nur wenige Meter von einem der bekanntesten Leipziger Industriedenkmäler – dem Stelzenhaus – entfernt, nutzt du die schmale Brücke über den Karl-Heine-Kanal und orientierst dich am Uferweg gegenüber links in Richtung Grünau und Weißenfels. Das Stelzenhaus wurde 1939 für die Wellblechfabrik Grohmann & Frosch errichtet. Du unterquerst mehrere Straßenbrücken, darunter die König-Albert-Brücke. Hier lohnt der Kurzabstecher hinauf

◂ links / Die Philippus-Kirche in Plagwitz

zur Karl-Heine-Straße, wo sich in einem der für Plagwitz typischen ehemaligen Industrieareale aus dem 19. und frühen 20. Jahrhundert das weitläufige 2 / Kunstquartier Westwerk etabliert hat. Wo noch bis zur Wende durch den VEB Industriearmaturen gewerkelt wurde, sind heute Vereine, Künstler, Handwerker und Gewerbetreibende zu Hause. Auch die Gastronomie darf nicht fehlen: Großer Beliebtheit erfreut sich das angesagte Szenelokal Kaiserbad mit Blick auf den Kanal. An dessen Uferweg geht es nun weiter entlang.

KANALBLICK

Im 2 / Westwerk ist auch das Szenelokal Kaiserbad zu finden. Entspannte Atmosphäre trifft beste Küche! Den Blick auf den Kanal gibt's obendrein! (www.kaiserbad-leipzig.de)

Hafen im Dornröschenschlaf

Gleich laden 3 / Ufertreppen am Fuße der hoch aufragenden Philippus-Kirche zum Verweilen ein. Beim Entenfüttern kann man hier wunderbar Beine und Seele baumeln lassen. Rechts der Wasserstraße trittst du schließlich wieder in die Pedale. Bald wird die abzweigende Beschilderung nach Grünau und Weißenfels ignoriert. Mit unserem Kanal unterqueren wir die stark befahrene Luisenbrücke der Lützner Straße und stoßen danach auf ein neues Stadtquartier. Hier nutzt du die kleine Wassertorbrücke und folgst dem Weg auf der anderen Seite, wo gleich der Asphaltbelag endet. Der befestigte Weg führt dich nun am Hafenbecken des zwischen 1938 und 1943 gebauten 4 / Lindenauer Hafens entlang. Ursprünglich sollte eine Anbindung des Karl-Heine-Kanals und des Lindenauer Hafens an die Saale bei Leuna über den Elster-Saale-Kanal erfolgen. Mit dem Bau des letzteren wurde zwar 1933 begonnen – komplett umgesetzt wurde das Projekt allerdings nie. Zeugen der großen Pläne sind die gewaltigen Speicher- und Lagergebäude. Am Ufer lässt sich mit Blick auf das Hafenensemble im Dornröschenschlaf wunderbar rasten. Wo sich nach einstiger Planung die Hafenkräne rasselnd drehen sollten, zirpen heute die Grillen.

➤ rechts groß / Das Stelzenhaus im Leipziger Stadtteil Plagwitz ➤ rechts klein / Am Wege

KM 2

Der Leipziger Rechtsanwalt und Industriepionier Karl Heine initiierte Mitte des 19. Jahrhunderts den Bau des nach ihm benannten Kanals, der perspektivisch eine schiffbare Verbindung zwischen der Weißen Elster in Leipzig und der Saale herstellen sollte. Allerdings wurden die Arbeiten 1898 eingestellt.

BOOTSTOUR GEFÄLLIG?

Kein Problem! Den nächstgelegenen Bootsverleih am Karl-Heine-Kanal gibt's nahe der Luisenbrücke (Am Kanal 28, www.freizeit-abenteuer.com).

Am Elster-Saale-Kanal

IDYLLE AM WASSER

Recht kurvenreich gelangst du dann hinauf zur verkehrsreichen Lyoner Straße, der du wenige Meter nach rechts folgst. Gleich bei der Brücke über die Gleise der kleinen Museumsbahn überquerst du die Lyoner Straße, orientierst dich links und nimmst die Einfahrt zum Parkplatz der Gartensparte Gartenfreunde West (nicht die Einfahrt zum Betriebsgelände nebenan!). Ein Pfad bringt uns hinab zum Elster-Saale-Kanal, wo wir dem schmalen Weg am Ufer zwischen den Zäunen der Sparte entlang folgen. Auf unbefestigtem und stellenweise etwas holprigem Untergrund verläuft die Route an der Wasserstraße entlang. Das sich im Wind wiegende Schilf und die im Wasser schaukelnden Seerosen sorgen für eine perfekte Idylle. Wir rollen unter der Merseburger Straße hinweg und radeln bis zur stahlbeplankten Brücke in Burghausen. Vor dieser geht es kurz und steil hinauf zur Gundorfer Straße, an der sich

die Tour rechts hält. Die Gundorfer sowie die Burghausener Straße leiten uns durch den Ort. Schließlich schwenken wir rechts in die Leipziger Straße und passieren das 5 / Gasthaus Schlosskrug. Vielleicht steht dir der Sinn ja nach einer Pause (www.schlosskrug-gundorf.de)? Gegenüber Haus Nr. 163 schwenkst du dann links in den Forstweg ein.

Leipzigs grünes Herz – der Auwald

Am Waldrand überbrückt die Tour die schmale Alte Luppe und hält sich danach auf den breiten Waldweg links. Auch 250 m weiter biegen wir an einer Verzweigung vor einer weiteren Brücke links ein. Der gut befahrbare Forstweg leitet uns durch den dichten Laubwald der Burgaue. Schließlich wird ein Landsträßchen erreicht, an dem sich die Route links wendet. Erst nach 300 m schwenkst du bei einem kleinen Parkplatz rechts auf einen Waldweg. Du radelst nun etwa 1 km bis zu einer Schranke nahe einer kleinen Brücke. Auch hier geht es zunächst geradewegs weiter. Allerdings hält sich die Tour schon nach 100 m an der Gabelung links. Vorbei an einem Feld gelangen wir gleich zur traditionsreichen und traumhaft gelegenen 6 / Domholzschänke. Im Biergarten inmitten des Leipziger

Der Elster-Saale-Kanal sollte einst Leipzig über den Karl-Heine-Kanal und den Lindenauer Hafen mit der Saale bei Leuna verbinden. Von den projektierten 19 km wurden lediglich 11 km fertiggestellt. Die verbliebenen 8 km harren geduldig einer Wiederaufnahme des Vorhabens.

< links / Weit schweift der Blick über das Bett der Luppe ^ oben / Speicher im Hafen Lindenau

In die Verlängerung!

E-Biker können nach einer gemütlichen Erkundung des Schlossparks Lützschena problemlos auf dem Deichweg entlang der Luppe bis ins Zentrum von Leipzig zurückradeln.

Auwaldes kannst du nun erst einmal genüsslich die Beine ausstrecken (www.domholzschaenke.com). Nach einer zünftigen Rast kehrst du zu der nahen und bereits bekannten Gabelung zurück und hältst dich hier nun links.

6.000 Rubel

Der wohl bedeutendste Besitzer des Rittergutes Lützschena war Maximilian Speck von Sternburg. Er baute einen landwirtschaftlichen Betrieb auf und erzielte enorme Zuchterfolge. Der russische Zar ehrte ihn dafür mit einer Pension von 6.000 Rubel und erhob ihn in den Ritterstand.

Schlosspark von oben

Bald lichtet sich der Auwald und die Route erreicht das breite, eingedeichte Bett der Luppe. Wir wenden uns zur Brücke hin, überqueren den Fluss und radeln dann auf dem Deichweg nach rechts in Richtung Lützschena weiter. Geradewegs geht es nun am Abzweig nach Schkeuditz vorbei und über eine Landstraße hinweg. Wie von selbst surren die Pneus über den bestens ausgebauten Radweg. Wir genießen den weiten Blick über die Auenlandschaft und schwenken schließlich beschildert in Richtung Lützschena links ein. Gleich solltest du den kurzen, ausgewiesenen Abstecher zur Leipziger 7 / Auwaldstation unternehmen. Direkt nebenan gibt's eine Beobachtungsplattform hoch oben in einer Baumkrone: Einen schöneren Überblick über den Schlosspark findest du nirgends. Nach der Orientierung per Vogelperspektive kannst du den kleinen Park mit Teichen, Statuen und Pavillon noch geruhsam per pedes erkunden. Schließlich nutzen wir die Holzbrücke über die Weiße Elster und radeln am heute privaten Schloss sowie an der nahen Schlosskirche vorbei. Das Sträßchen An der Schäferei bringt uns zur Halleschen Straße. Gegenüber geht es dann auf der Straße Zur Alten Brauerei und der Bahnstraße zum 8 / Bahnhof von Lützschena.

TOURENINFO / Die Tour verläuft auf Radwegen, befestigten Waldwegen, kurzzeitig auch auf etwas holprigen Untergrund und auf mäßig befahrenen Straßen. Bei der Ortspassage in Burghausen und Gundorf ist der Verkehr etwas stärker. Bis zum Frühjahr 2022 ist die Passage am Elster-Saale-Kanal wegen einer Kampfmittel-Beräumung gesperrt.

➤ **1 /** Plagwitzer Bahnhof ➤ **2 /** Kunstquartier Westwerk ➤ **3 /** Ufertreppen
➤ **4 /** Lindenauer Hafen ➤ **5 /** Gasthaus Schlosskrug ➤ **6 /** Domholzschänke
➤ **7 /** Auwaldstation ➤ **8 /** Bahnhof Lützschena

START
Der Bahnhof Leipzig-Plagwitz

ZIEL
Der Bahnhof Lützschena

HINKOMMEN
Auto / Parkplatz beim Bahnhof
ÖPNV / S-Bahnlinie S1

ZEIT EINPLANEN!

Für die Erkundung des traumhaft schönen und – hinsichtlich seiner architektonischen Ausstattung – oft überraschenden Schlossparks in Machern sollte reichlich Zeit eingeplant werden.

➤ **1 /** Am Bahnhof Machern beginnt und endet unsere Schlössertour

➤ **2 /** Im Schlosspark Machern nach der Pyramide Ausschau halten

➤ **3 /** Eine Pause im urigen Bistro Jagdhütte in Grubnitz gefällig?

➤ **4 /** Den weitläufigen Schlosspark in Nischwitz erkunden

➤ **5 /** Pausieren am Rastplatz in der Muldenaue

➤ **6 /** Romantische Architektur in Reinstform: das Schloss von Püchau

➤ **7 /** Das Thema so beklemmend wie das Bauwerk selbst: das Museum im Stasi-Bunker

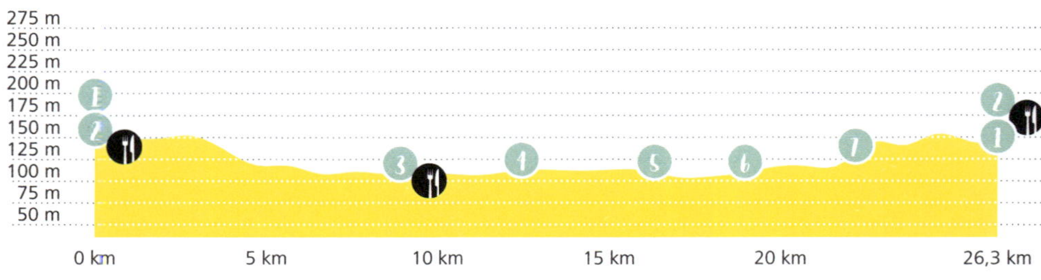

Von Schloss zu Schloss

Unterwegs zwischen Machern und dem Muldental

Wir radeln von Schloss zu Schloss, flanieren durch romantische Parks und bestaunen griechische Tempel und eine Pyramide nebst Ritterburg. Ganz nebenbei wird auch zweimal die Mulde überquert.

26 Kilometer
35 Höhenmeter
2:15 Stunden
Rundtour

Pyramide und Ritterburg
Der 1 / Bahnhof von Machern ist Start- und Zielpunkt unserer Tour. Wir queren die viel befahrene Leipziger Straße, radeln wenige Meter in die Dorfstraße und biegen gleich in die Schlossgasse. Nach einigen Pedaltritten stehen wir vor Macherns berühmtem Schloss und dem noch viel berühmteren 2 / Schlosspark. Beider Geschichte ist eng mit dem Geschlecht derer von Lindenau verbunden. Währen das Schloss im Laufe der Zeit immer wieder umgebaut wurde, entstand die grandiose Parkanlage als englischer Landschaftspark am Ende des 18. Jahrhunderts. In der sentimental-romantischen Gartenanlage errichtete man dem Zeitgeist entsprechend Statuen und Tempel, die imposante Ruine einer Ritterburg, ja sogar eine Pyramide. Plane also vor oder nach der Tour genügend Zeit ein, genüsslich durch das weitläufige Areal zu spazieren und die Anlage zu

Charakter

Sportlich	●●●○○
Abkühlung	●●○○○
Schlemmen	●●○○○
Panorama	●●●●○

◂ links / Abendstimmung an der Mulde bei Canitz

erkunden. Hier kannst du wunderbar am Ufer des Teichs die Seele baumeln lassen oder am Fuß der Pyramide pausieren. Am Vorplatz freuen sich zudem eine ganze Reihe von Einkehrmöglichkeiten über Besucher. Wir radeln nun links am Schloss vorbei und gewinnen einen ersten Eindruck vom Park, indem wir den Schwemmteich gegen den Uhrzeigersinn fast zur Gänze umrunden. Allerdings schwenkt die Route nach einer nahezu kompletten Runde vor der Brücke mit dem weißen Geländer rechts ein. Vorbei an einer Pferdekoppel gelangt sie gleich zur großen Püchauer Straße, an der sie sich rechts hält.

STIMMUNGSVOLL

Besonders stimmungsvoll – wenn auch außerhalb der Radelsaison – zeigt sich 2 / Schloss Machern in der Adventszeit. Dann findet vor der tollen Kulisse ein Weihnachtsmarkt statt.

Entscheidungsfreude gefragt

Für den folgenden Tourenabschnitt kann man sich zwischen zwei Varianten entscheiden:

Variante 1: Auf der Püchauer Straße radeln wir aus Machern hinaus. Die Radwegbeschilderung leitet uns auf dem etwas stärker befahrenen Sträßchen durch weite Felder bis zur B 107. Auf dieser fahren wir vorsichtig 50 m nach links und biegen dann gleich beim Weiser rechts in Richtung Nepperwitz ein. Um einen Teich herum erreicht die Route Lübschütz, wo sie sich von der Beschilderung über Dögnitz nach Nepperwitz leiten lässt.

Variante 2: Schon nach 500 m auf der Püchauer Straße schwenkt die Tour rechts auf den Nepperwitzer Weg ein. Bald ist das Ortsausgangsschild Macherns erreicht, wo auch der Asphaltbelag endet. Wegen des ab hier geltenden Fahrverbotes, schieben wir knapp 500 m bis zur Bundesstraße, die wir vorsichtig geradewegs überqueren. Gegenüber setzt sich die Route durch weite, wogende Getreidefelder fort. Hier und da hat der landwirtschaftliche Verkehr seine Spuren hinterlassen, sodass unser Weg stellenweise etwas holprig ist. Aussichtsreich radeln wir nun bis Nepperwitz.

➤ rechts groß / Das Macherner Schloss ➤ rechts klein / Im Schlosspark von Machern

KM 1

Der wunderbare 2 / Schlosspark in Machern entstand zwischen 1782 und 1797. Dem Zeitgeist entsprechend wurde dabei ein Ensemble aus griechischen Tempeln, Rittergrab, Pyramide und Ritterburg angelegt. Am besten lässt sich die weitläufige Gartenanlage mit einer Führung erkunden: www.gemeindemachern.de.

NACH WURZEN!

Für E-Biker ist der beschilderte **Abstecher** von der Muldenbrücke ins nahe **Wurzen** lohnend. Schließlich kann die Stadt auf eine mehr als 1.000-jährige Geschichte zurückblicken.

NIEDERLANDE-FLAIR: MÜHLENTÜRME & DEICHWEG

Radeln in der Muldenaue

Beide Varianten finden in Nepperwitz zusammen. Du rollst durch das kleine Dorf und lässt dich beim Ortsausgang von der Beschilderung links nach Grubnitz leiten. Die Route schlängelt sich durch Weiden und Felder. In 3 / Grubnitz orientierst du dich schließlich an der Destination Wurzen und hältst dich am Weiser links. Gleich wird die gemütliche Jagdhütte passiert, in der du allerdings nur an drei Tagen in der Woche pausieren kannst (Grubnitzer Dorfstraße 12E, Mi 17–22, Fr 18–24, So 10–13, 17–22 Uhr). Wir verlassen den Ort, erreichen die weite Muldenaue und staunen gleich über die gewaltigen Dimensionen der 1926 errichteten Mühlentürme der Wurzener Krietschwerke am rechten Horizont. Du radelst gleich über die Muldenbrücke und den nahen Hochwasserschutzdeich. Wir ignorieren den Abzweig nach Wurzen und rollen links auf dem befestigten Weg links des Deiches weiter. Unsere Route führt schließlich weg vom Schutzdamm und hin zu einem schmalen Asphaltsträßchen. Nach rechts gelangen wir – bald durch eine malerische Baumallee – ins idyllische 4 / Nischwitz. Über das Dorfzent-

rum wacht die Kirche, gleich nebenan lockt jedoch das eigentliche Highlight des kleinen Ortes. Zwar ist das spätbarocke Schloss aus dem 18. Jahrhundert heute in Privatbesitz, der ausgedehnte englische Landschaftsgarten steht aber für einen Spaziergang offen. Zwischen uralten Bäumen mit mächtigen Kronen schlängeln sich schmale Wege hin zu einem Mausoleum. Hier kannst du die Ruhe genießen und Kraft für die nächsten Kilometer tanken.

Romantik im Tudorstil

Auf der Dorfstraße radeln wir durch Nischwitz und biegen bei Haus Nr. 10 links ins Sträßchen Am Dreieck ein. An der der verkehrsreichen Eilenburger Straße geht es entsprechend der Destination Thallwitz links weiter. Wir nutzen den Radweg neben der Straße und orientieren uns nach 2,5 km links nach Canitz. Im winzigen Dorf biegt die Route links, um sich dann bei der Verzweigung beim Haus 14A rechtszuhalten. Dann schwenkst du zur weithin sichtbaren Hochbrücke über die Mulde hin. Am hiesigen 5 / Rastplatz in der Muldenaue kannst du zunächst entspannt pausieren – dann gilt es, die Räder auf der Schiebehilfe neben den Stufen hinauf auf die Brücke zu bugsieren. Auf der anderen Seite erwartet uns nur ein schmaler Wiesenpfad. Aber schon nach knapp 500 m erreichst

KM 10

Mächtig wie ein Schloss dominieren sie beim Blick über das Muldental den Horizont – die 1926 errichteten Zwillingstürme der ehemaligen Krietschwerke. Sie ersetzten die 1917 niedergebrannte alte Mühle. Damals wie heute werden hier Nahrungsmittel produziert.

< links / Im Park von Schloss Nischwitz ^ oben / Feldrand bei Grubnitz

Nicht verpassen!

Ein Spaziergang durch den malerischen Schlosspark in 4 / Nischwitz gehört bei dieser Tour einfach dazu – unter uralten Bäumen finden sich wunderbare Rastplätze.

du am Deich einen Fahrweg, dem du weg vom Damm (nicht parallel zu diesem) folgst. Die Tour gelangt nach 6 / Püchau mit seiner weithin sichtbaren Turmkulisse und biegt 100 m vor der Kirche links in die Dögnitzer Straße ein. Zuvor ist allerdings der Abstecher von der Kirche hinauf zum alles überragenden Schloss ein Muss! Dessen Geschichte lässt sich bis in die früheste sächsische Historie zurückverfolgen – in besonders spektakulärem architektonischem Gewand zeigt es sich aber durch die Umgestaltung im neogotischen Tudorstil im 19. Jahrhundert. Zinnenbewehrte Romantik pur!

Stasi-Bunker

Das 7 / Museum im Stasi-Bunker bei den Lübschützer Teichen gewährt einen düsteren Einblick in den Alltag und die Denkweise der DDR-Staatssicherheit. Der Bunker war einst als Ausweichführungsstelle im Falle eines Ausnahmezustandes gedacht (jedes letzte Wochenende im Monat 13–16 Uhr).

Zurück zum Macherner Schloss

Schließlich verlassen wir Püchau auf der Dögnitzer Straße, erreichen durch schattigen Wald eine Vorfahrtsstraße und halten uns an dieser rechts. Im nahen Lübschütz schwenkst du am Weiser bei Haus Nr. 42 links in Richtung Machern ein. Die nahe Bundesstraße überquerst du gerade (hier nicht nach Machern) und passierst dann gleich die stillen Lübschützer Teiche. Hinter einem Metalltor auf der rechten Seite verbirgt sich das beklemmende 7 / Museum im Stasi-Bunker. Wir bleiben auf dem Asphaltweg, stoßen 500 m weiter auf eine Kleingartenanlage und biegen hier (kurzzeitig schiebend) in den Igelweg rechts sowie an dessen Ende links ein. An der nahen Querstraße (Alfred-Frank-Weg) hält sich die Route ebenfalls links, gelangt zur Landstraße und verläuft hier nach rechts zurück ins nahe 1 / Machern.

TOURENINFO / Die Tour verläuft auf kleinen Landsträßchen sowie auf Rad- und Waldwegen. Kurze Abschnitte kennzeichnet ein holpriger Untergrund. Nicht für Anhänger geeignet. Zwischen Machern und Nepperwitz gibt es zwei Möglichkeiten: Die etwas stärker befahrene Straßenvariante sowie die Variante über Feldwege (hier sollte ca. 500 m im Fahrverbot geschoben werden).

➤ **1 /** Bahnhof Machern ➤ **2 /** Schlosspark Machern ➤ **3 /** Grubnitz ➤ **4 /** Nischwitz ➤ **5 /** Rastplatz ➤ **6 /** Püchau ➤ **7 /** Museum im Stasi-Bunker

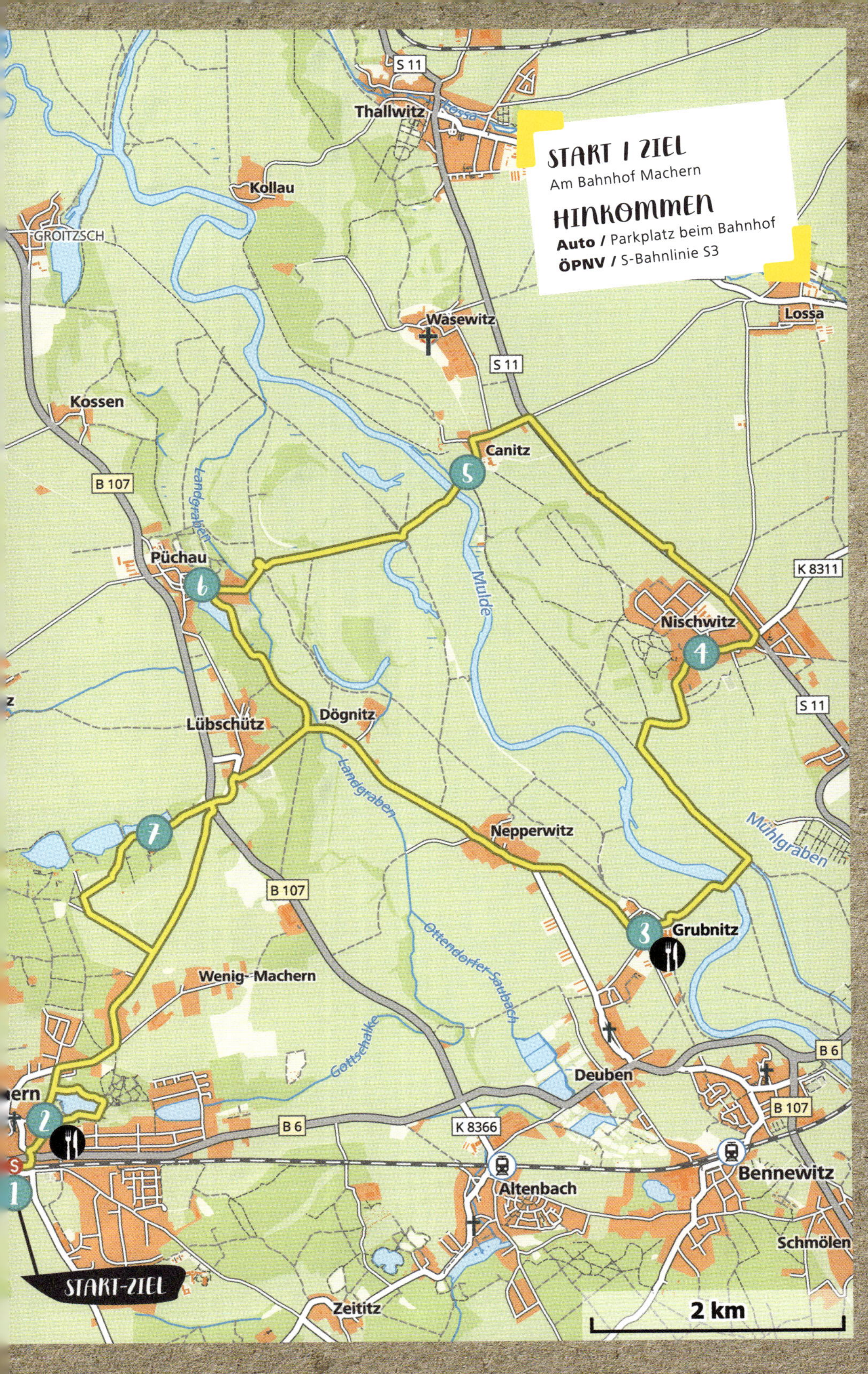
START / ZIEL
Am Bahnhof Machern
HINKOMMEN
Auto / Parkplatz beim Bahnhof
ÖPNV / S-Bahnlinie S3
Thallwitz
Lossa
Kollau
GROITZSCH
Wasewitz
Lossa
S 11
Kossen
Canitz
B 107
Landgraben
Püchau
Mulde
K 8311
Nischwitz
Lübschütz
Dögnitz
Landgraben
Nepperwitz
Mühlgraben
B 107
Grubnitz
Ottendorfer-Saubach
Wenig-Machern
Gottschalke
Deuben
B 6
B 107
B 6
K 8366
Altenbach
Bennewitz
Schmölen
START-ZIEL
Zeititz
2 km

Sonntag im Frühling!

Ich unternehme die Tour zumeist an einem Sonntag im Frühling: Dann ist das Schlossrestaurant in Trebsen geöffnet und der Turm auf dem Wachtelberg kann bestiegen werden. Und im Frühjahr blüht die Kuhschelle!

- **1 /** Wo wir die Tour beenden, geht's auch los: am Bahnhof Wurzen
- **2 /** Vom Gasthaus Zur Fähre über die Mulde schippern
- **3 /** Ruhe tanken an der Schutzhütte im Planitzwald
- **4 /** Die mächtigen Mauern von Schloss Trebsen bewundern
- **5 /** Den Blick übers Muldetal vom Rastplatz Wüste Kirche genießen
- **6 /** Pausieren im Biergarten des Landgasthofs Dehnitz
- **7 /** Auf dem Wachtelberg nach der Echten Kuhschelle Ausschau halten

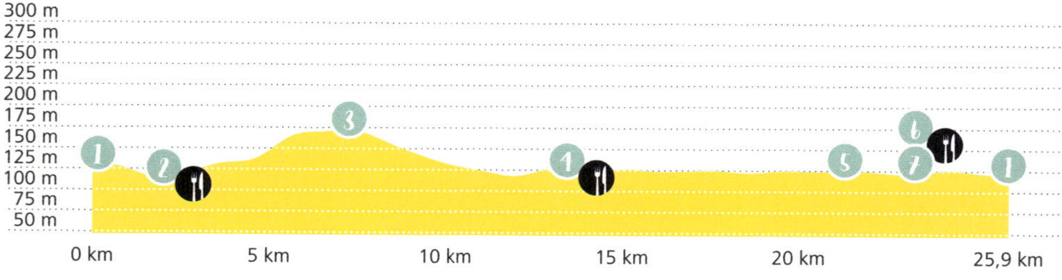

Rechts und links der Mulde

Erkundungen zwischen Wurzen *und* Trebsen

Am Stadtrand von Wurzen entern wir die Fähre, die uns über die Mulde bringt. Danach tanken wir Ruhe im dichten Grün des Planitzwaldes, bevor uns der mächtige Bau des Schlosses in Trebsen beeindruckt. Auf dem Muldetalbahn-Radweg machen wir uns dann auf den Rückweg.

26 Kilometer
55 Höhenmeter
2:15 Stunden
Rundtour

Per Fähre über die Mulde

Vom 1 / Bahnhofsvorplatz radeln wir zur verkehrsreichen Stephanstraße, folgen dieser abwärts durch die Bahnunterführung. Gleich danach biegen wir rechts in den Dehnitzer Weg ein. Der Straßenverkehr nimmt – zum Glück – gleich deutlich ab. Der Dehnitzer Weg geht schließlich ins Sträßchen Am Wachtelberg über. Beim Haus Am Wachtelberg Nr. 14 leitet dich die Beschilderung des Mulde-Radweges in Richtung Dehnitzer Fähre/Schmölen rechts hinab zur Mulde, wobei du auch einen Altarm des Flusses überbrückst. Gleich stehst du am Ufer des träge strömenden Gewässers und wendest dich zur Fähre hin. Direkt nebenan punktet das 2 / Gasthaus Zur Fähre mit allerbester Lage. Vielleicht möchtest du dir noch eine kleine Stärkung mit Muldeblick

Charakter

Sportlich ●●●○○
Abkühlung ●●○○○
Schlemmen ●●●●○
Panorama ●●●●○

◀ links / Blick über die Mulde zum Schloss Trebsen

vor der Tour gönnen? Dann schipperst du mit der Fähre, die von der Gastwirtschaft betrieben wird, über den Fluss. Ehe du dich versiehst, stehst du bereits am jenseitigen Anleger. Die Beschilderung leitet die Tour ins Sträßchen Am Schwarzwasser. Wir behalten die Weiser des Mulde-Radweges im Auge, radeln auf der Altenhainer Straße geradewegs über die Vorfahrtsstraße und schwenken wenige Pedaltritte später halb links entsprechend der Destination Grimma ein. Bald taucht die Route in den ausgedehnten Planitzwald ein. Der Laubwald ist das größte zusammenhängende Waldgebiet östlich von Leipzig.

FÄHRZEITEN IM AUGE BEHALTEN!

Am Beginn der Tour setzen wir per Fähre über die Mulde. Montags gibt es allerdings keinen Fährverkehr! Fährzeiten: Di–So 11–20.30 Uhr (www.faehrhaus-wurzen.de)

Ruhe tanken im Planitzwald

Die Kronen der Buchen, Eichen und Linden über unseren Köpfen sorgen für Schatten, vor allem in den Morgenstunden schallt ein vielstimmiges Vogelkonzert durchs dichte Grün. Dieses begleitet dich eine ganze Weile, bis du schließlich eine große 3 / Schutzhütte mit schönem Rastplatz an einer Sternkreuzung erreichst. Eine Pause inmitten der üppigen Natur ist eine gute Idee, und so steigen wir danach gut erholt wieder in den Sattel. Die Beschilderung weist uns den Weg nach Grimma, wobei sich der Wald bald lichtet. Über die zunehmend offenere Landschaft kann der Blick weit schweifen. Die Route passiert das winzige Neuweißenborn, dann surren die Pneus auf einem Alleesträßchen abwärts. Allerdings können wir uns nur kurz den Fahrtwind um die Nase wehen lassen, dann lotst uns ein Weiser auf eine schmale Straße nach links. Bei den wenigen, idyllisch gelegenen Häusern von Rothersdorf quert die Tour die Bundesstraße. Wenige Pedaltritte weiter taucht die Route kurz auf schmalem Pfad in ein lichtes Gehölz ein, aber gleich radelst du auf einem befestigten Weg durch Felder und Weiden weiter.

➤ rechts groß / Herbst bei Rothersdorf ➤ rechts klein / Marktplatz von Wurzen mit dem Ringelnatzbrunnen

KM 1

Vor oder nach der Tour solltest du auf jeden Fall noch einen Abstecher ins Zentrum der Ringelnatz-Stadt unternehmen. An den 1883 in Wurzen geborenen Schriftsteller und Maler Joachim Ringelnatz erinnert die Sammlung im Kulturhistorischen Museum. Der Dom St. Marien und das Marktensemble bieten sich als weitere Ziele für einen Altstadtspaziergang an.

BLUESNÄCHTE

Im 4 / Rittergut Trebsen finden neben einer ganzen Reihe anderer Veranstaltungen auch regelmäßige (und legendäre) Bluesnächte statt: Termine unter www.rittergut-trebsen.de

Mächtige Schlossmauern am Muldeufer

Wir nähern uns wieder der Mulde an und gelangen in den urigen, von knorrigen Baumriesen geprägten Park des 4 / Schlosses Trebsen – ein wunderbarer Ort zum längeren Verweilen. Allerdings zieht es uns auch zum mächtigen Schloss hin, das sich über dem Westufer der Mulde erhebt. Schaust du genau hin, so fällt dir im Innenhof der spätgotischen Vierflügelanlage ein nach innen gewölbter – teilweise mit Efeu bewachsener – Mauerabschnitt auf. Dies ist der Rest des ehemaligen Bergfrieds, der einen Durchmesser von 18 m hatte. Er gehört zum ältesten Baubestand des Anwesens. Zugänglich ist das Schlossgelände aber nur an Wochenenden – dann hat das liebevoll restaurierte Restaurant geöffnet (www.schloss-trebsen.com). Der Duft frisch gebackenen Kuchens und sonstigen Naschwerks verlockt dann zur Kaffeepause auf der Schlossterrasse. Lecker sind auch die Nerchauer Brauspezialitäten aus der Brauerei

um die Ecke. Bevor wir wieder in den Sattel steigen, lohnt auch ein Blick auf das Gelände des benachbarten Ritterguts. Ein Förderverein hat hier unter anderem eine Geo-Erlebniswerkstatt eingerichtet. Wir orientieren uns nun zur Straßenbrücke über die Mulde hin. Unterwegs solltest du noch dem schönen Trebsener Markt mit dem Hotel Schlossblick einen Besuch abstatten. Dann leiten uns die Radwegweiser in Richtung Nerchau über die Brücke, hinter der die Route sofort rechts auf den Radweg biegt.

KM 14

Alljährlich zu Pfingsten ist es wieder soweit: Das 4 / Schloss Trebsen lädt zu seinen Ritterspielen und dem Gaudium der Spielleute ein. Spannende Turnierkämpfe, fröhliches Markttreiben, Musik und Gaukelei – nicht nur kleine Radler werden begeistert sein.

Auf den Spuren der„lahmen Pauline"

Gut beschildert radelst du nun durch den kleinen Ort Neichen und hin zum nächsten Weiser. Hier entscheidest du dich für die Destination Wurzen und schwenkst links auf den Muldetalbahn-Radweg ein. Eben geht es auf der ehemaligen Bahnstrecke beim alten Bahnhof vorbei. Welcher Trubel hier wohl geherrscht haben mag, als der Bahnhof Nerchau–Trebsen als wichtige Güterumschlagstelle noch mit 10 regelspurigen und 10 schmalspurigen Gleisen versehen war? Wo einst die„lahme Pauline" gen Wurzen schnaufte, sausen wir nun auf bestem Asphalt dahin. Schnurgerade und oft aussichtsreich wird der einstige Haltepunkt Nitzschka passiert,

---

< links / Das Schloss Trebsen – eine Vierseitenanlage ^ oben / Bismarckturm auf dem Wachtelberg

Alles Bio!

Lust auf Spezialitäten aus der Region? Dann bist du im **Hofladen des Landguts Nemt** genau richtig (Di–Fr 7–17, Sa 7–14, So 14–17 Uhr, www.landgut-nemt.de, Tel. 03425/851820)!

über dem auf einem Hügel die Reste einer Holländermühle auffallen. Der Radweg quert eine ganze Reihe von Vorfahrtsstraßen und schwenkt schließlich weg vom Verlauf der alten Bahnstrecke. Wir halten inne, denn gleich öffnet sich uns ein traumhaftes Panorama übers Tal der Mulde. Genießen lässt sich dieses am besten von der Bank nahe einer kleinen Baumgruppe etwas unterhalb. Bei der Rast solltest du auch nach den Resten der 5 / Grundmauern der wüst gefallenen Kirche Ausschau halten, die hier einst bestand. Die Kirche und das zugehörige Dorf Söllnitz waren bereits um 1430 während der Hussitenkriege aufgegeben worden.

Beste Aussichten

Vom Bismarckturm auf dem 7 / Wachtelberg kann der beste Rundblick weit und breit genossen werden! Aber Achtung! Nur sonntags offen! Im Frühjahr blüht hier dafür die seltene Kuhschelle.

Wachtelberg-Panorama

Im nahen Dehnitz endet der Radweg. Dafür leitet uns die Beschilderung nun zum 6 / Landgasthof Dehnitz – einer traumhaft gelegenen Einkehrmöglichkeit, in deren Biergarten du die Tour schon einmal Revue passieren lassen kannst. Von hier aus – der Pfad ist lediglich 100 m vom Gasthof entfernt – sollte auch der Spaziergang (zu Fuß) zum 1908 erbauten Bismarckturm (nur So offen) auf dem nahen 7 / Wachtelberg unternommen werden. Der Aufstieg wird nicht nur mit dem besten Rundblick weit und breit belohnt, die Artenvielfalt auf der Hügelkuppe ist mindestens ebenso beeindruckend. In einem der ältesten Naturschutzgebiete Deutschlands zeigt sich alljährlich im späten Frühjahr ein Teppich aus Blüten der seltenen Echten Kuhschelle. Die letzten Meter der Tour führen uns am Hofladen des Landgutes Nemt sowie am Abzweig zur Dehnitzer Fähre vorbei und hin zum 1 / Bahnhof in Wurzen.

Toureninfo / Die Tour verläuft auf Radwegen und kleineren Landstraßen. Unbedingt die Fährzeiten beachten (Mo kein Fährverkehr! Di–So 11–20.30 Uhr, www.faehrhaus-wurzen.de)!

➤ **1 /** Bahnhof Wurzen ➤ **2 /** Gasthaus Zur Fähre ➤ **3 /** Schutzhütte ➤ **4 /** Schloss Trebsen ➤ **5 /** Rastplatz Wüste Kirche ➤ **6 /** Landgasthof Dehnitz ➤ **7 /** Wachtelberg

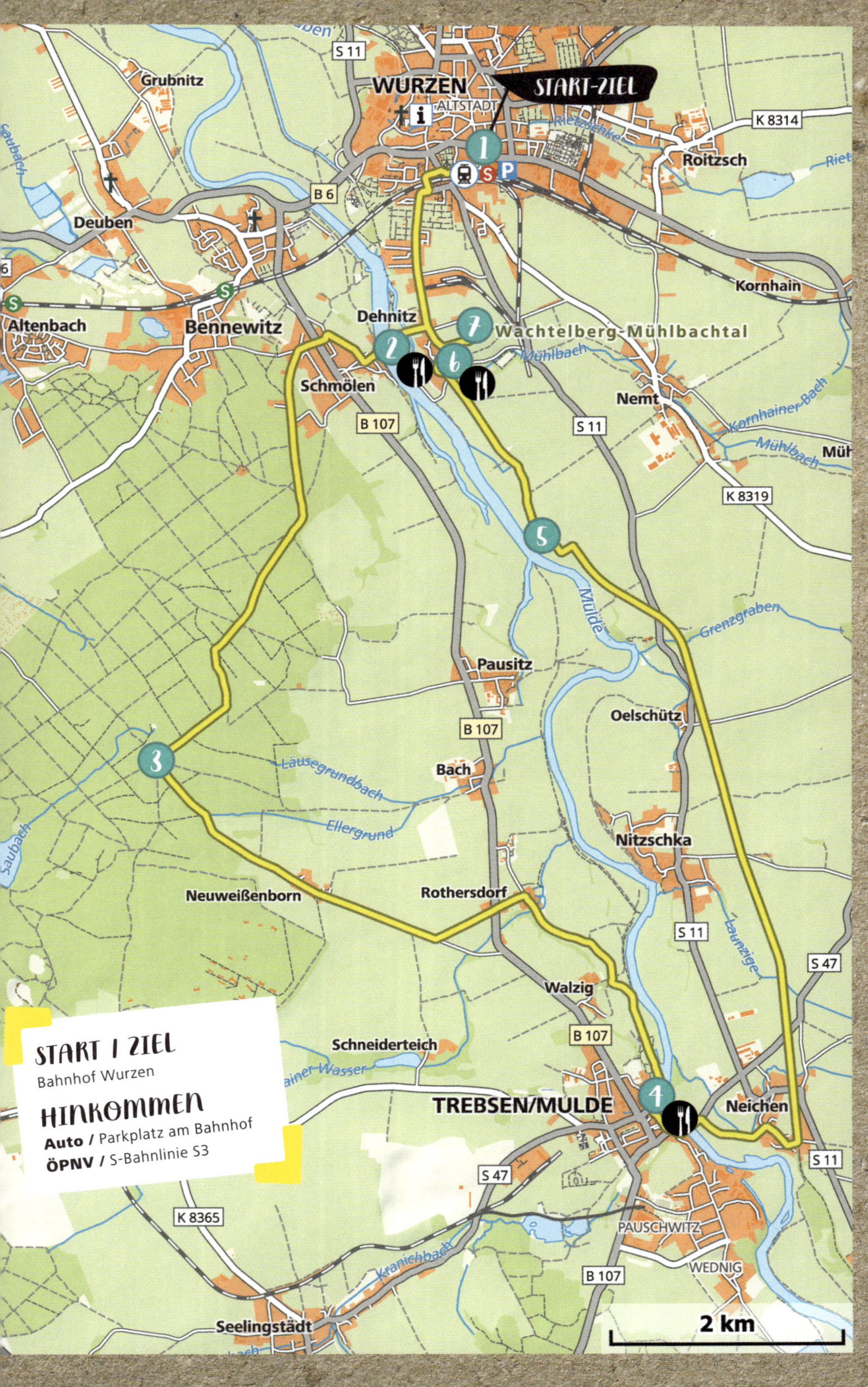

START-ZIEL
WURZEN
ALTSTADT
Grubnitz
Roitzsch
Deuben
Kornhain
Altenbach
Bennewitz
Dehnitz
Wachtelberg-Mühlbachtal
Mühlbach
Schmölen
Nemt
Kornhainer Bach
Pausitz
Oelschütz
Bach
Nitzschka
Läusegrundbach
Ellergrund
Neuweißenborn
Rothersdorf
Walzig
Mulde
Grenzgraben
Schneiderteich
TREBSEN/MULDE
Neichen
PAUSCHWITZ
WEDNIG
Seelingstädt
Kranichbach
2 km
START I ZIEL
Bahnhof Wurzen
HINKOMMEN
Auto / Parkplatz am Bahnhof
ÖPNV / S-Bahnlinie S3

PFLICHTFOTO

Ich unternehme die Tour gern in den frühen Vormittagsstunden, dann ist das Wasser im Kirchbruch kribbelig kühl und das Fotolicht für die Bergkirche perfekt.

➤ **1 /** Ab dem Bahnhof Borsdorf treten wir in die Pedale und starten die Tour

➤ **2 /** Bei der grandiosen Beuchaer Bergkirche in die kühlen Fluten des Kirchbruchs tauchen

➤ **3 /** Im Leipziger Kletterwald in luftiger Höhe über schwankende Seile balancieren

➤ **4 /** Lust auf Abkühlung? – Hinein in den Albrechtshainer See!

➤ **5 /** An der Radfahrerkirche von Erdmannshain innehalten

➤ **6 /** Eine Zeitreise im Turmuhrenmuseum Naunhof unternehmen

➤ **7 /** Pausieren am vogelreichen Müncherteich

➤ **8 /** Das Flair des zauberhaften Marktes von Grimma genießen

➤ **9 /** Absatteln beim Bahnhof in Grimma

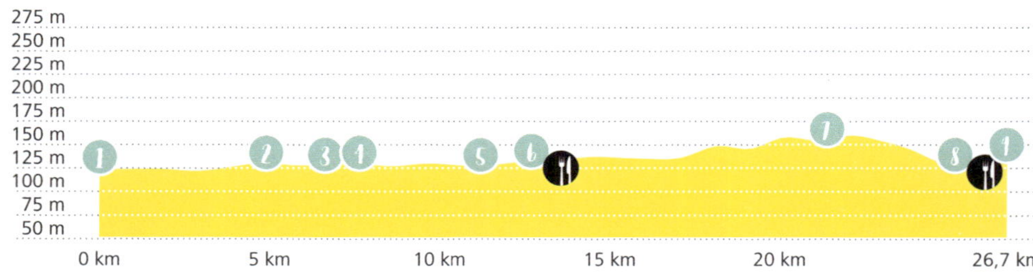

OSTWÄRTS!

Von der Parthe zur Muldestadt Grimma

Schon bald nach dem Start steuern wir das erste Highlight an – auf einem Felssporn thront die berühmte Beuchaer Bergkirche. Ein Badesee und ein Kletterpark sorgen für sportive Abwechslung, bevor wir das malerische Grimma ansteuern.

27 Kilometer
50 Höhenmeter
2:15 Stunden
Streckentour

Wahrzeichen der Partheaue

Beim 1 / Bahnhof in Borsdorf nutzen wir zunächst die Unterführung und gelangen auf die südliche Seite der Bahnstrecke. Hier schwenkst du an der Heinrich-Heine-Straße kurz links und biegst gleich rechts in die Zweenfurther Straße ein. Das Landsträßchen leitet uns durch die weite Partheaue nach Zweenfurth, wo wir uns an der Hirschfelder Straße rechts halten. Bereits nach wenigen Pedaltritten überquerst du die Parthebrücke und orientierst dich danach links in die Wolfshainer Straße. Auf dem nächsten Wegabschnitt begleiten dich die Radwegkennzeichnungen des Leipziger Grünen Rings sowie der Parthe-Mulde-Radroute. Aussichtsreich schlängelt sich die Tour durch Felder und Pferdekoppeln bis nach Wolfshain. Ob sich nun Gewitterwolken türmen oder der stahlblaue Himmel über unseren Köpfen

CHARAKTER

Sportlich ●●●○○
Abkühlung ●●●●●
Schlemmen ●●●○○
Panorama ●●●●○

◂ links / Die Bergkirche in Beucha

wölbt – stimmungsvoll ist die weite Landschaft allemal. Entsprechend der Destination Beucha schwenkst du an der Stoppstraße in Wolfshain auf den Dorfring nach links. Vorbei an einem kleinen Spielplatz und dem schön restaurierten Gutshof wird Beucha erreicht. Die Beschilderung weist uns auf die Dorfstraße nach rechts – wenige Pedaltritte weiter unternehmen wir jedoch den Abstecher zur kühn auf einem Felssporn thronenden 2 / Bergkirche, dem Wahrzeichen einer ganzen Region. Dazu folgst du der August-Bebel-Straße – vom kleinen Park auf der linken Straßenseite hast du gleich den perfekten Blick über den Kirchbruch zum Kirchlein auf dem Felsplateau. Der Kirchberg besteht aus Granitporphyr, der hier bereits seit dem 15. Jahrhundert gebrochen wurde. Der forcierte Abbau im 19. Jahrhundert ließ das Bauwerk hoch über dem Steinbruch zurück, der sich schließlich mit Wasser füllte. Wer mag, kann die grandiose Kulisse auch beim Baden genießen – Treppen führen hinab zum Ufer. Das Kirchareal kann auch besichtigt werden – dazu folgst du einfach dem Sträßchen Kirchberg.

WAHRZEICHEN
Der Blick auf die kühn auf einem Felssporn thronende 2 / Beuchaer Bergkirche gehört zu den beeindruckendsten Panoramen im Leipziger Umland!

Abtauchen im Albrechtshainer See

Du kehrst zurück zur Dorfstraße und radelst nun in Richtung Grimma und Naunhof weiter. Das Sträßchen Viehweide leitet aus Beucha hinaus und schon bald rollen wir am Ufer des malerischen Albrechtshainer Sees entlang. Der Radweg leitet direkt am Parkplatz des 3 / Leipziger Kletterwalds vorbei. Lust, auf einen Adrenalinkick? Beim Balancieren über schwankende Seile, Brücken und Balken kannst du dein Gleichgewicht und deinen Mut unter Beweis stellen. Zurück im Sattel führt uns der Radweg zur Autobahn und wendet sich vor dieser nach links. Natürlich kannst du auch einen Abstecher in den Kletterwald unternehmen: Wer schon immer einmal in luftiger Höhe über schwankende Seile balancieren wollte

---

➤ rechts groß / Albrechtshainer See ➤ rechts klein / Eine Lore erinnert an die ehemaligen Steinbrüche bei Großsteinbach

KM 7

Wie Tarzan aus einem Baumwipfel springen? Kein Problem – im 3 / Leipziger Kletterwald landest du auf jeden Fall sicher im Netz! Auf einer Fläche von 3 ha kann man auf 11 Parcours eine Mutprobe an die nächste reihen (www.kletterwald-leipzig.de).

ABKÜHLUNG GEWÜNSCHT?

Am Radweg liegt der **4 / Albrechtshainer See**. Auf den Liegewiesen am Ufer lässt sich wunderbar chillen und Badefreuden gibt's obendrein.

BADEPAUSE

ist hier genau richtig. Wir radeln nun ein kurzes Stück parallel zur A 14 – dafür bietet sich unterwegs die Möglichkeit, einem Pfad zu den Liegewiesen am 4 / Albrechtshainer See zu folgen. Du kannst hier („auf eigene Gefahr", wie ein Schild verkündet) baden oder dich an der gackernden und schnatternden Vogelwelt erfreuen. Nur noch wenige Meter geht es an der Autobahn entlang, dann unterqueren wir diese, radeln auf der Landstraße nach Albrechtshain und überschreiten dort die Borsdorfer Straße schräg nach rechts versetzt. Die Gasse Im Winkel leitet an einem schönen Rastplatz beim Dorfteich vorbei. Dann rollen wir – die Beschilderung weist nach Naunhof – aus der Siedlung hinaus. Nach dem Ortsausgangsschild surren die Pneus auf dem gut ausgebauten Radweg neben der Straße durch Eicha und Erdmannshain. In Erdmannshain lädt ein Rastplatz an der idyllisch gelegenen 5 / Radfahrerkirche

zum Innehalten ein. Das Kirchlein steht Besuchern (meist) von Ostern bis Ende Oktober offen – wenn du dich im Inneren umschaust, entdeckst du an der Nordempore die Jahreszahl 1512, die vermutlich das Baujahr benennt.

KM 13

Ob Hoffeste, Kurse oder Kleinkunstbühne – das Naunhofer Alte Kranwerk ist seit Jahren eine Institution in der Stadt. Die Saison beginnt mit dem Familienfrühlingsfest und endet mit dem Erntedank-Quetschfest. In dieser Zeit wird an sonntäglichen Nachmittagen auch das wunderbare Radlercafé betrieben (www.kranwerk.com).

Zeitreise

Wenig später quert die Route an einer Ampelkreuzung die Landstraße Brandis–Leipzig gerade und hält sich nur 10 m (!) nach dieser auf den Radweg linker Hand. Am nahen Querweg biegen wir rechts und erreichen entsprechend der Beschilderung das Zentrum von Naunhof bei der Stadtkirche. Hier solltest du dem 6 / Turmuhrenmuseum einen Besuch abstatten. Die Zeitreise durch die liebevoll präsentierte Ausstellung kannst du im Museumscafé beschließen, wo es verführerisch nach Kartoffelkuchen duftet. Wir verabschieden die Kennzeichnung des Grünen Rings – die Beschilderung der Parthe-Mulde-Radroute bleibt uns aber erhalten und gibt nun die Destination Grimma vor. Die Bahnhofstraße führt uns hin zum Bahnübergang, vor (!) dem wir rechts in die Wilhelm-Külz-Straße schwenken. An der Waldstraße halten wir uns links und rollen später auf dem Radweg neben der Großsteinberger Straße aus Naunhof hinaus. An der Ampelkreuzung in Großsteinberg (500 m

‹ links / Die Radfahrerkirche in Erdmannshain ˄ oben / Das Rathaus auf dem Markt in Grimma

ZEITZONE

Riesige Uhrwerke, eine Läutanlage – im 6 / Turmuhrenmuseum kannst du dich auf eine Zeitreise durch vier Jahrhunderte begeben (https://web.turmuhrenmuseum-naunhof.de).

nach dem Ortseingang) hältst du dich rechts auf den Radweg in Richtung Pomßen, an der Gabelung wenig später geht es entsprechend der Destination Großsteinberg halb links weiter. Am Fuß der Martinskirche erinnern Loren an die hiesigen Steinbrüche, die auch Material für den Bau des Leipziger Hauptbahnhofs lieferten. Die Weiser in Richtung Grimma leiten uns über die Alte Dorfstraße, die Naunhofer Straße und schließlich den Beiersdorfer Weg. Die Basalt AG führt hier den traditionsreichen Wirtschaftszweig am Ortsrand fort, und baut – anders als der Firmenname vermuten lassen würde – Quarzporphyr ab.

800-JÄHRIG

... ist die bezaubernde Stadtschönheit Grimma locker. Am besten lassen sich ihre Reize auf einer Stadtführung erschließen. Eine solche startet von Mai bis Oktober jeden Samstag um 11 an der Touristinfo am Markt (www.grimma.de).

Zur Mulde

Das schmale Sträßchen geht bald in den Herbergsweg über und passiert das ideenreich und liebevoll gestaltete Gelände des Naturfreundehauses Leipzig. Nur ein paar Meter weiter radelst du über eine Straße hinweg und kannst gleich den Anglern am malerischen 7 / Müncherteich über die Schulter schauen. Schwäne, Reiherenten und Haubentaucher ziehen auf der glitzernden Wasserfläche ihre Runden – ein schöner Platz für eine Rast also. Vielleicht hat sogar die kleine Gaststätte Zum Müncherteich geöffnet! Wir nehmen den letzten Tourenabschnitt in Angriff, unterqueren die Bundesstraße und rollen bergab nach Grimma. Das Herz der Muldestadt schlägt zweifellos am zauberhaften 8 / Markt mit einem der schönsten historischen Rathäuser Sachsens, wo du im Freisitz des Ratskellers (www.ratskellergrimma.de) die Atmosphäre genießen kannst. Schließlich bleibt nur noch, das kurze Stück zum 9 / Bahnhof der Stadt zurückzulegen.

TOURENINFO / Wir radeln auf kleinen Landstraßen und Radwegen. Badesachen nicht vergessen!

➤ **1** / Bahnhof Borsdorf ➤ **2** / Beuchaer Bergkirche ➤ **3** / Leipziger Kletterwald
➤ **4** / Albrechtshainer See ➤ **5** / Radfahrerkirche ➤ **6** / Turmuhrenmuseum Neunhof
➤ **7** / Müncherteich ➤ **8** / Markt Grimma ➤ **9** / Bahnhof Grimma

START
Bahnhof Borsdorf
ZIEL
Bahnhof Grimma
HINKOMMEN
Auto / Parkplatz beim Bahnhof
ÖPNV / S-Bahnlinie S3
START
ZIEL
Borsdorf
Zweenfurth
Beucha
Albrechtshainer See
Albrechtshain
Naunhof
Großsteinberg
Grimma
Brandis
Machern
Wurzen
2 km

DURCH GRIMMA SPAZIEREN!

Ich würde ausreichend Zeit für einen Spaziergang durch die Altstadt von Grimma einplanen: Schmale Gassen führen zum Markt oder zur Mulde – nicht nur Architekturfans werden vom Flair begeistert sein.

➤ **1 /** Am Bahnhof Grimma beginnt und endet die Tour

➤ **2 /** Den Wappenstein auf der Pöppelmannbrücke entdecken

➤ **3 /** Auf der Uferbank beim Rastplatz Dorna die Beine baumeln lassen

➤ **4 /** Was herrschte hier wohl einst für ein Trubel? – Der Rastplatz Nerchau beim alten Bahnhof

➤ **5 /** Das großartige Schloss Trebsen erkunden

➤ **6 /** Pausieren unter knorrigen Weiden am Dorfteich in Bahren

➤ **7 /** Genussvoll einkehren am Markt von Grimma

275 m
250 m
225 m
200 m
175 m
150 m
125 m
100 m
75 m
50 m

1 2 3 4 5 6 7 1

0 km
5 km
10 km
15 km
20 km
24,8 km

MULDEPERLE

Vom zauberhaften Grimma am Muldeufer entlang

Gleich zu Beginn der Tour nutzen wir Grimmas berühmte historische Hängebrücke und überqueren die Mulde. An deren Ufer radeln wir dann aussichtsreich bis zum mächtig aufragenden Schloss in Trebsen.

25 Kilometer
70 Höhenmeter
2 Stunden
Rundtour

Los geht's …

… am 1 / Bahnhof von Grimma. In Richtung Mulde-Radweg rollen wir auf der Karl-Marx-Straße, der Colditzer Straße und der Kellerhäuser Straße hinab zur Mulde. Diese überqueren wir auf der nahen historischen Hängebrücke von 1924. Beim Sommerhochwasser 2002 wurde das Bauwerk von den Wassermassen der Mulde überflutet und um die Längsachse verdreht – bereits ein Jahr später war es wieder passierbar. Schaust du zurück, begeistert der Anblick der Gattersburg hoch am Hang. Die ehemalige Papierfabrikantenvilla beherbergt heute ein Hotel. Nach der Brücke wenden wir uns links und radeln gleich am Waldrand, mit schöner Aussicht aufs gegenüberliegende Altstadtufer, stromabwärts. Schon bald kommst du wieder zum Stehen, denn linker Hand beeindruckt ein weiteres Brückenbauwerk. Die nach ihrem Planer benannte 2 / Pöppelmannbrü-

CHARAKTER

Sportlich ●●●○○
Abkühlung ●●○○○
Schlemmen ●●●●○
Panorama ●●●○○

◄ links / Blick von der Hängebrücke in Grimma auf die Gattersburg

cke aus rotem Porphyr wurde 1719 von Matthäus Daniel Pöppelmann, dem Hofarchitekten August des Starken, errichtet. Kurfürst August finanzierte den Bau, wofür ein Wappenstein ausgesprochen lobende Worte findet. Sie hatte einst sechs Bögen, von denen zwei dem Hochwasser 2002 zum Opfer fielen.

ROT

Der leuchtend rote Porphyr der 2 / Pöppelmannbrücke ist ein echter Blickfänger. Halte hier Ausschau nach dem Wappenstein, der den Bauherren überschwänglich preist.

Wo einst die „lahme Pauline" entlangzuckelte

Wir bleiben am östlichen Muldeufer und setzen die Tour auf dem Radweg jenseits der Straße fort. Gleich unterquert die Route die neue Straßenbrücke und passiert die ehemalige Grimmaer Spitzenfabrik. Von 1907 bis 1991 wurden hier Textilien – ab den 1960er Jahren insbesondere auch Plauener Spitze – produziert. Unser Radweg verläuft nun auf dem Bahndamm der einstigen Muldetalbahn. Aussichtsreich rollst du durch die Auwiesen, während hoch über dem Tal die Kirche von Döben die Szenerie dominiert. Bald entfernt sich die Route etwas vom Fluss und nähert sich erst bei 3 / Dorna wieder der Mulde an. Eine Bank im Schatten mächtiger Eichen lädt zum Verweilen ein. Mit Blick auf das träge strömende Gewässer kannst du hier die Seele baumeln lassen. Stimmungsvoll sind vor allem die Morgen- und Abendstunden. Dicht am Fluss sausen die Pneus nun über den Asphalt. Du passierst die Wehranlage bei der Golzermühle, wo ab 1838 aus Holzschliff Papier hergestellt wurde. Damit gehörte die Mühle einem florierenden Industriezweig an, war doch um 1900 fast ein Drittel der deutschen Papierindustrie in Sachsen angesiedelt. Erst 2015 endete die Produktion in der hiesigen Anlage. Wir bleiben auf dem gut ausgebauten Radweg rechts der Mulde, orientieren uns an der Destination Nerchau und unterqueren die A 14. Bald erinnert der ehemalige Bahnhof von Nerchau an die einstige Bahnstrecke, die in den 1990ern eingestellt und rückgebaut wurde. Am 4 / Rastplatz gleich nebenan kannst du gut pausieren.

➤ rechts groß / Die historische Hängebrücke in Grimma ➤ rechts klein / Radweg unweit der Grundmühle

KM 22

Bei der Grundmühle, gegen Ende der Tour, solltest du den Abstecher zu einem ganz besonderen Museum unternehmen! Auch wenn es auf der Muldestraße und gleich (halb rechts) auf dem Fünfhäuserweg bergan geht – allein schon der 4.300 m² große klassizistische Garten lohnt die Mühen des Anstiegs zum Göschenhaus (Schillerstraße 25, www.goeschenhaus.de)!

LANDMARKE

Von überall her ist die Döbener Kirche zu sehen. Um 1200 wurde an eine Marienkapelle das Kirchenschiff angebaut. Später folgten der gotische Turm und eine barocke Kupferhaube.

Es bedarf schon einiger Fantasie, um sich den Bahnsteigtrubel früherer Zeiten vorzustellen. Die Reisegeschwindigkeit allerdings kann ehedem nicht hoch gewesen sein, weshalb der Zug zwischen Grimma und Wurzen liebevoll als „lahme Pauline" bezeichnet wurde.

UNTER MÄCHTIGEN SCHLOSSMAUERN

Schlemmen im Schloss

Im nahen Neichen halten wir uns beschildert links in Richtung Trebsen, wobei wir beim Radeln durch den kleinen Ort die Weiser im Auge behalten. Diese leiten uns schließlich zur Straßenbrücke über die Mulde, auf der wir den Fluss überqueren. Der Rückweg nach Grimma verläuft dann links auf der Pauschwitzer Straße. Zuvor lassen wir uns aber den kurzen Abstecher zum weithin sichtbaren 5 / Schloss von Trebsen nicht nehmen. Mächtig türmt es sich am westlichen Muldeufer auf. Zum ältesten Baubestand der

Anlage gehören die Reste des Bergfrieds, die – verborgen hinter einem dichtem Efeuvorhang – im Innenhof zu entdecken sind. Zugänglich ist das Schlossgelände aber nur an Wochenenden, wenn das liebevoll restaurierte Restaurant geöffnet hat (www.schloss-trebsen.com). Wunderbar sitzt es sich dann auf der Terrasse – am besten mit einem Stück frisch gebackenen Kuchen vor sich. Noch besser sind zwei – schließlich haben wir noch den Rückweg vor uns. Bevor du wieder in den Sattel steigst, lohnt auch ein Blick auf das Gelände des benachbarten Ritterguts. Danach kehrst du zur Pauschwitzer Straße zurück und radelst auf dieser aus der Stadt hinaus. Der Weg führt bald am Eisgarten vorbei – unbedingt probieren solltest du hier die Variante Skyr-Limette. Mit dem Eis kannst du es dir dann im Garten gemütlich machen (Pauschwitzer Straße 28). Unsere Route führt schließlich durch weite Felder wieder hinab zur Mulde.

6 HA

Zur Schlossanlage von 5 / Trebsen gehört auch eine weitläufige, im 18. Jahrhundert gestaltete Parklandschaft – immerhin 6 ha ist diese groß. Genug Raum also für einen romantischen Spaziergang zwischen dem kleinen barocken Pavillon und den zahlreichen knorrigen Baumriesen.

Grimmas Herz schlägt am Markt

Die schmale Straße leitet uns unter der Autobahn hinweg und steigt nach 6 / Bahren an. In dem urigen Dorf kannst du ganz ent-

---

< links / Exoten auf einer Weide bei Nerchau ^ oben / Die Mulde bei der Golzermühle

Renaissance-Perle

Am **7 / Markt** von Grimma fällt die Renaissancefassade von Haus Nr. 11 auf. Hier befand sich die Göschen'sche Druckerei, in der der Dichter Johann Gottfried Seume lebte und arbeitete.

spannt am – von knorrigen Weiden gesäumten – Dorfteich rasten. Versüßen lässt sich die Pause durch ein Eis, das in der Pension gegenüber zu erwerben ist – einfach klingeln, es lohnt sich! Gestärkt radeln wir nun in Richtung Grimma weiter. Nach etwas mehr als einem Kilometer leitet uns ein Weiser von der Landstraße nach links auf einen Waldweg, der uns hinab zum Ufer der Mulde bringt. Bald säumen mächtige Eichen unseren Pfad, der sich malerisch entlang des Flusses vorbei an der Grundmühle schlängelt, in deren historischen Mauern heute eine Kunstdruckmanufaktur wirkt. Noch vor 100 Jahren gab es in Grimma über 30 Wassermühlen und 30 Windmühlen, von denen nur noch wenige vorhanden sind. Wir kommen zurück in das durch eine komplexe Hochwasserschutzanlage gesicherte Grimma. Der rund 60 Millionen Euro teure Überflutungsschutz wurde ab 2007 gebaut und erst im Juni 2019 vollendet. Wir folgen der Beschilderung, radeln entlang der verkehrsreichen Wurzener Straße und überqueren beim Stadion des in der Oberliga kickenden FC Grimma die Friedrich-Oettler-Straße. Auf der Hohnstädter Straße gegenüber gelangst du gleich zum pittoresken 7 / Markt der Muldestadt. Der Renaissancegiebel des historischen Rathauses ist sicher das am häufigsten abgelichtete Fotomotiv der Kommune. An seinem Fuß lädt der Freisitz des Ratskellers zum verdienten Verweilen ein (www.ratskellergrimma.de). Später holpern wir über das Pflaster der Lange Straße bis zum Leipziger Platz bei der markanten Frauenkirche. Hier schwenkt die Tour in die Leipziger Straße ein, die uns zur Bahnhofstraße und zum 8 / Grimmaer Bahnhof bringt.

Verlängerung!

E-Biker können die Tour verlängern und dem Mulde-Radweg in Richtung Colditz folgen. Nach wenigen Kilometern liegt dann die eindrucksvolle Ruine des Nonnenklosters Nimbschen am Wege. Aus diesem flüchtete einst Katharina von Bora, die spätere Frau Martin Luthers.

Toureninfo / Tour auf gut ausgebauten Radwegen und kleinen Landstraßen. In Trebsen und Grimma kurze Abschnitte mit stärkerem Verkehr.

➤ **1 /** Bahnhof Grimma ➤ **2 /** Pöppelmannbrücke ➤ **3 /** Rastplatz Dorna
➤ **4 /** Rastplatz Nerchau ➤ **5 /** Schloss Trebsen ➤ **6 /** Dorfteich Bahren
➤ **7 /** Markt Grimma

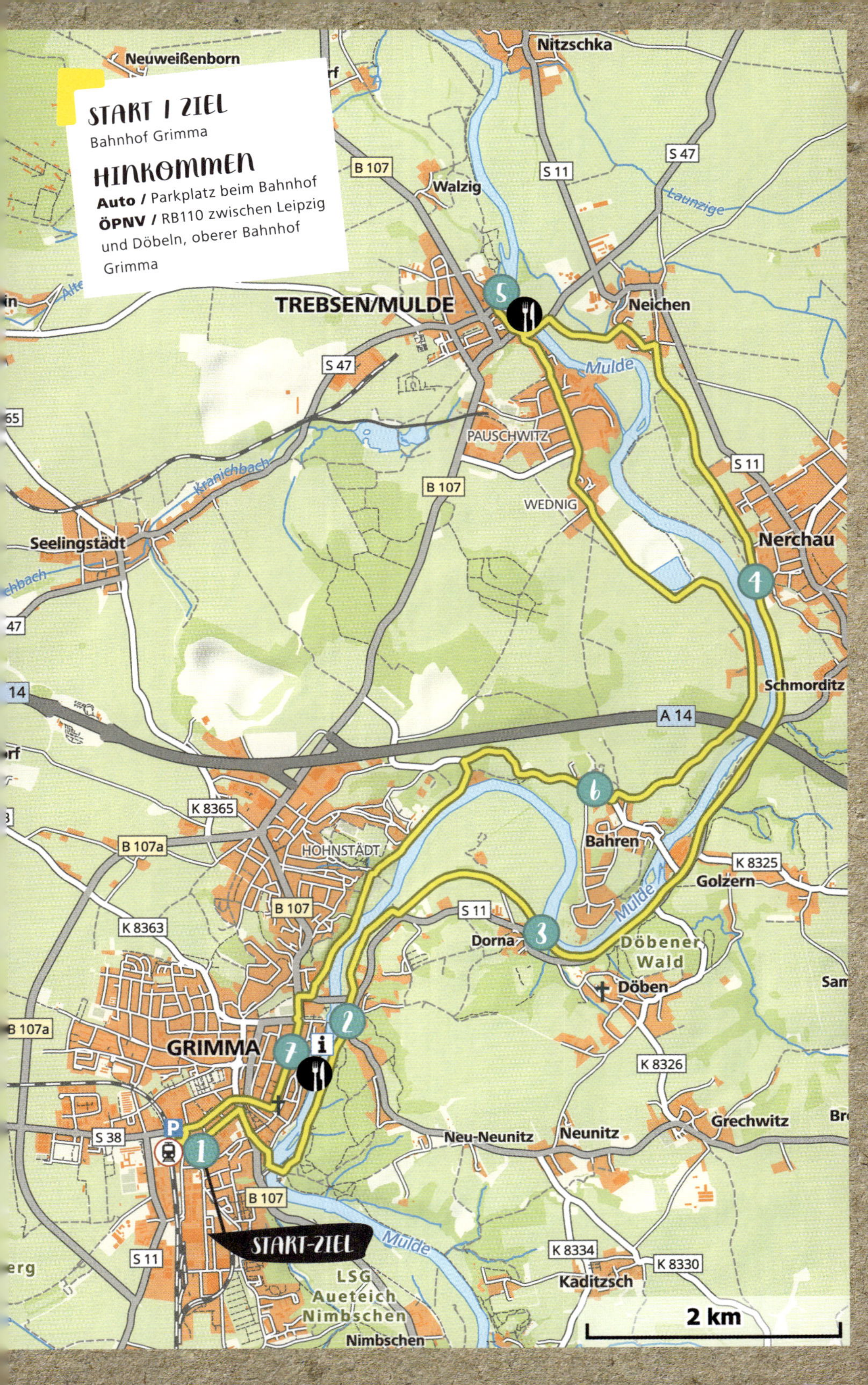
START / ZIEL
Bahnhof Grimma
HINKOMMEN
Auto / Parkplatz beim Bahnhof
ÖPNV / RB110 zwischen Leipzig und Döbeln, oberer Bahnhof Grimma
Neuweißenborn
Nitzschka
Walzig
TREBSEN/MULDE
Neichen
Mulde
PAUSCHWITZ
WEDNIG
Nerchau
Seelingstädt
Kranichbach
Launzige
Schmorditz
A 14
Bahren
Golzern
HOHNSTÄDT
Dorna
Döbener Wald
Döben
GRIMMA
Neu-Neunitz
Neunitz
Grechwitz
START-ZIEL
LSG Auteich Nimbschen
Nimbschen
Kaditzsch
B 107
S 11
S 47
B 107a
K 8365
K 8363
K 8325
K 8326
S 38
K 8334
K 8330
2 km

LEGENDÄRER TÖPFERMARKT

Ich unternehme die Radtour besonders gern am dritten Maiwochenende – dann findet alljährlich der Kohrener Töpfermarkt rund um den Töpferbrunnen statt.

➤ **1 /** Am Bahnhof Altenburg starten wir die Tour

➤ **2 /** Durch den Altenburger Schlosspark von Museum zu Museum flanieren

➤ **3 /** Ruhe tanken im artenreichen Leinawald

➤ **4 /** Den Bergfried der Burg Gnandstein erklimmen

➤ **5 /** Am Markt Kohren-Sahlis beim Töpferbrunnen ein Eis genießen

➤ **6 /** In der Schutzhütte im Streitwald am Rande einer Wiese pausieren

➤ **7 /** Zwischen Wald, Wiesen und Porphyrfelsen Abkühlung suchen im Naturbad Frohburg

➤ **8 /** Am Bahnhof Frohburg steigen wir vom Rad

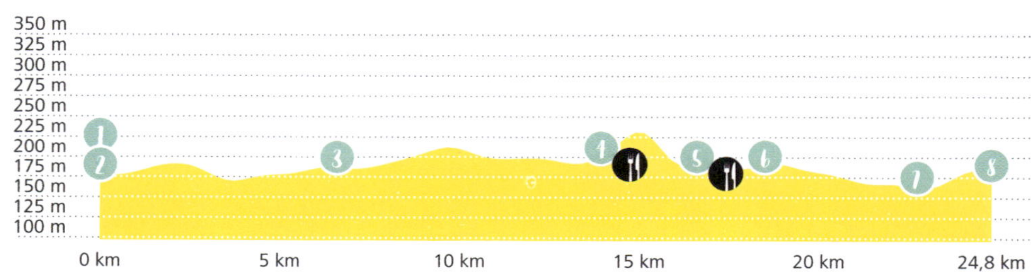

Drei Türme und ein Schatz

Vom Altenburger Land zu den Burgen des Kohrener Landes

Vom Altenburger Schlosspark mit seinen Museen radeln wir durchs größte Waldgebiet des Altenburger Landes – den Leinawald. Im Kohrener Land erwartet uns mit der Burg Gnandstein eine Perle mittelalterlicher Architektur.

25 Kilometer
90 Höhenmeter
2:15 Stunden
Streckentour

Altenburger Museumstour

Beim 1 / Bahnhof der Skatstadt Altenburg treten wir in die Pedale und folgen dem Radweg neben der Wettiner Straße stadteinwärts. Vor dem beeindruckenden Gebäude des Lindenau-Museums im 2 / Schlosspark biegst du dann links auf die Leipziger Straße ein. Hier solltest du dir die Gelegenheit nicht entgehen lassen, die Parkanlage per Spaziergang zu erkunden. Sie verbindet die bedeutenden Museen der Stadt. Dazu gehören neben dem nach Bernhard von Lindenau benannten Kunstmuseum auch das Mauritianum mit Exponaten zur Naturkunde sowie das Residenzschloss, das vor allem für seine Spielkartensammlung bekannt ist. Von den verschlungenen Wegen des Landschaftsparks kannst du dich zudem zur Orangerie und zum Marstall führen lassen. Vielleicht magst du ja auch eine der Ausstellungen be-

Charakter

Sportlich ●●●●○
Abkühlung ●●●●○
Schlemmen ●●●○○
Panorama ●●●●●

< links / Das Mauritianum – ein naturkundliches Museum in Altenburg

suchen oder ganz entspannt die Atmosphäre der Anlage noch eine Weile auskosten? Schließlich schwingen wir uns wieder aufs Rad, lassen uns von der Leipziger Straße leiten und biegen schon nach kurzer Zeit bei der traditionsreichen Spielkartenfabrik rechts in Richtung Kohren-Sahlis in die Beethovenstraße ein. Die Radweiser leiten uns aus der Stadt hinaus. Auf der Brunnenstraße strampelst du schließlich bergan und erreichst das Ortsausgangsschild.

MAURITIANUM

Verträumt liegt das Naturkundliche Museum im 2 / Schlosspark. Eine historische Vogelsammlung, Fossilien und – interaktiv – die lokale Fauna und Flora werden hier präsentiert.

Durchs Altenburger Land

Wir sausen nun talwärts, lassen uns den Fahrtwind um die Nase wehen und genießen dabei das weite Panorama über das Altenburger Land. An einer Stoppstraße radelst du geradewegs weiter und gelangst ins kleine Örtchen Wilchwitz. Die Destination Kohren-Sahlis führt dich schnurstracks durch das Dorf. Bald schon rollen wir auf einem befestigten Weg zwischen ausgedehnten Feldern und vorbei an einer Solaranlage am Rande des Flughafens Altenburgs hinein in das dichte, wuchernde Grün des Leinawalds, einem Naturschutzgebiet. In der größten Forstfläche des Altenburger Landes begleiten vor allem Hainbuchen, Erlen und Eichen unseren Weg. Das stellenweise sumpfige Gebiet ist ein Habitat für Kröten, Frösche und den sonst seltenen Fischotter. Wir orientieren uns auf unserer gut beschilderten Route an den Radweisern nach Kohren-Sahlis. Eine Bank inmitten des 3 / Leinawalds lädt schließlich zum Verweilen und Ruhe tanken ein. Unsere Tour schlängelt sich durch den Forst und erreicht endlich den Waldrand, wo wir aus dem thüringischen Altenburger Land unmerklich hinüberwechseln ins sächsische Kohrener Land. Letzteres breitet sich auch gleich als Panoramateppich vor uns aus – unübersehbar dominiert der Bergfried der Burg Gnandstein den Horizont, zu der wir noch gelangen werden. Ein guter Zeit-

---

➤ rechts groß / Bergfried der Burgruine in Kohren ➤ rechts klein / Im Leinawald

KM 1

Für Kunstliebhaber ist der Besuch im Altenburger Lindenau-Museum ein Muss! Es beherbergt eine der kostbarsten Spezialsammlungen früher italienischer Tafelbilder weltweit. Dazu gesellt sich eine erlesene Kollektion von Malerei ab dem 16. Jahrhundert (www.lindenau-museum.de).

punkt für eine Rast, um den weiten Blick noch eine Weile auf sich wirken zu lassen.

EINE BURG WIE AUS DEM BILDERBUCH

Mittelalter-Atmosphäre pur!

Dann rollen wir hinein nach Dolsenhain und radeln das kurze Stück bis Gnandstein auf einem Landsträßchen mit mäßigem Verkehr. In Gnandstein bringt uns die Bauerngasse direkt ins Zentrum. Wir halten uns zum Fuß des Burgbergs hin, wo sich kleine Radler sicher für den schönen Märchengarten (www.maerchengarten-im-kohrener-land.de) auf der anderen Straßenseite interessieren werden. Rotkäppchen und Co. freuen sich jedenfalls über Besuch! Dann strampeln wir auf dem Pflaster der Burgstraße recht steil bergan bis zum Tor der mächtigen Feste. Die 4 / Burg Gnandstein gehört zu den besterhaltenen romanischen Wehranlagen in Sachsen. Bergfried, Zwinger und Zinnen – das Gemäuer lässt die Herzen nicht nur von Mittelalterfreunden höherschlagen. Da überrascht

es wenig, dass ein noch ungehobener Schatz in den uralten Mauern schlummern soll. Auch wenn dieser vielleicht nicht oben auf dem Bergfried zu finden ist – der Aufstieg dorthin belohnt dich mit einem grandiosen Rundblick. Zurück auf sicherem Grund, lädt das Burgrestaurant zu einer zünftigen und verdienten Rast ein (www.gnandstein.de). Schließlich schwingen wir uns wieder aufs Rad und folgen dem Sträßchen gegenüber des Burgeingangs. Die Tour erreicht die Landstraße und führt auf dieser noch einige Höhenmeter bergan. Doch dann sausen wir sehr steil (!) und kurvenreich hinab in das für sein Töpferhandwerk bekannte Kohren-Sahlis. Im Ort leitet uns – gleich beim Parkplatz – ein Radweiser in Richtung Streitwald und damit hin zu den Turmruinen der einstigen Burg Kohren. Die beiden Türme prägen bis heute die Stadtsilhouette und erinnern an die hier einst bestehende Feste, die allerdings ab dem 15. Jahrhundert nach und nach aufgegeben wurde.

Hotspot des Töpferhandwerks

Vom Fuß der Ruine unternehmen wir noch einen kurzen Abstecher ins Zentrum und rollen auf der Töpferstraße – vorbei an einigen

KM 16

Beim jährlichen 5 / Töpfermarkt im Mai werden die Kohrener Töpfer durch mehr als 40 Vertreter ihrer Zunft verstärkt. Aber auch sonst kann die wunderbare Keramik im Töpfermuseum (www.frohburg.de) erworben werden. Außerdem gibt's dort viel Spannendes über das Handwerk zu erfahren.

< links / Die Burg Gnandstein, eine Perle mittelalterlicher Architektur
^ oben / Der Töpferbrunnen in Kohren-Sahlis

BADEN MIT KULISSE

Abkühlung gewünscht? Das **7 / Frohburger Naturfreibad** in einem ehemaligen Steinbruch liegt malerisch inmitten von Wiesen, Wald und Porphyrfelsen gleich am Radweg.

Töpfereien und am Töpfermuseum – zum 5 / Markt mit dem (wie sollte er anders heißen) Töpferbrunnen. Gleich bei dem schönen vom sächsischen Keramikkünstler Kurt Feuerriegel geschaffenen Brunnen lockt das Café Elisenhof mit einem verführerischen Eisangebot (www.hotel-elisenhof.de). Du orientierst dich dann wieder zum Weiser unterhalb der Burgruine hin und radelst nun in Richtung Streitwald weiter. Dabei nutzen wir den oberen (linken) der beiden Wege und kommen an einer Sommerrodelbahn vorbei. Auf befestigtem Untergrund verläuft die Tour nun durch den dichten Streitwald, dessen Name tatsächlich auf Besitzstreitigkeiten im 10. und 11. Jahrhundert zurückzuführen ist. An einer großen Wiese passiert die Route eine 6 / Schutzhütte, und verläuft nun noch ca. 2 km durch das dichte Grün. Dann radeln wir bei den Häusern des Dörfchens Streitwald geradewegs über einen Parkplatz. Die Beschilderung führt uns auf einen Feldrainweg, der die Bundesstraße quert und sich dann aussichtsreich durch Wiesen und Weiden schlängelt. Wir gelangen nach Frohburg, schwenken vor dem Gelände des 7 / Naturbades links auf das Sträßchen Am Stadtbad ein und kommen am Eingang des Bades (www.frohburg.de) vorbei. Lust auf eine Abkühlung? Dann bist du hier genau richtig. Das am Ort eines ehemaligen Steinbruchs entstandene Bad liegt eingebettet inmitten von Wald, Wiesen und Porphyrfelsen. An der verkehrsreichen Brückenstraße schwenkt die Route links und quert gleich den Frohburger Markt mit dem Centaurenbrunnen von 1899 zur Bahnhofstraße hin. Der Radweg neben dieser führt uns nun zum 8 / Bahnhof.

40 KM/H

Einfach mal abwärts sausen ohne zuvor mühsam bergan zu strampeln? Kein Problem auf der Kohrener Sommerrodelbahn direkt am Wege! Bis zu 40 km/h sind auf der knapp 530 m langen Bahn drin (www.sommerrodelbahn-kohren-sahlis.de).

TOURENINFO / Wir radeln auf zumeist wenig befahrenen Landsträßchen und befestigten Waldwegen. Vor Kohren-Sahlis wartet eine steile Abfahrt (Vorsicht mit Kindern)! Badesachen nicht vergessen.

➤ **1 /** Bahnhof Altenburg ➤ **2 /** Schlosspark ➤ **3 /** Leinawald ➤ **4 /** Burg Gnandstein ➤ **5 /** Markt Kohren-Sahlis ➤ **6 /** Schutzhütte Streitwald ➤ **7 /** Naturbad Frohburg ➤ **8 /** Bahnhof Frohburg

START
Bahnhof Altenburg
ZIEL
Bahnhof Frohburg
HINKOMMEN
Auto / Parkplatz beim Bahnhof
ÖPNV / S-Bahnlinien S5 und S5X, Bahnhof Altenburg
ZIEL
START
1
2
3
4
5
6
7
8
2 km
Bockwitz
S 242
Prießnitz
K 7933
Schönau
S 11
Nenkersdorf
Harthbach
Harthsee
Neukirchen
Bubendorf
A 72
Benndorf
Wyhra
Frauendorf Bahnhof
Greifenhain
FROHBURG
K 7990
Eschefelder Teiche
Großer Teich
Streitwald
B 7
Roda
Thräna
K 7933
Serbitz
B 93
Treben
Pahna
K 227
Fockendorf
Eschefeld
Pöschwitz
Pähnitz
Zschaschelwitz
Siedlung am Schafteich
Windischleuba
S 51
Hinteres Stöckigt
Gnandstein
KOHREN-SAHLIS
Dolsenhain
S 53
L 1353
Wüstenhain
Rüdigsdorf
Pöppschen
Bocka
Remsa
POSCHWITZ
Schelchwitz
Kraschwitz
Teichgraben
Altmörbitz
Pflug
Wilchwitz
ALTENBURG
Talsperre Schömbach
Schömbach
L 2460
Neuenmörbitz
Münsa
SÜDOST
Kotteritz
Nobitz
Niederleupten
K 205
B 7;B 93
Paditz
B 180
Paditzer Schanzen
Oberleupten
Klausa
Lohma
Langenleuba-Niederhain
Zschernichen
Fasanerieholz
L 1357
Hauersdorf
Garbus
Buscha
Ehrenberg
Priefel
K 301
Beiern
Modelwitz
Boderitz
K 206
Dippelsdorf
Ehrenhain
Nirkendorf

MANIERLICH

Ich lege immer einen Stopp am Kiosk ZierlichManierlich im Elsterflutbecken ein. Denn nichts geht über einen frisch gebrühten Kaffee fast am Ende der Tour.

➤ **1 /** Am S-Bahnhof Völkerschlachtdenkmal geht's los

➤ **2 /** Dem Völkerschlachtdenkmal aufs Dach steigen

➤ **3 /** Im Friedenspark den Duftgarten ansteuern

➤ **4 /** Im Biergarten des Bayrischen Bahnhofs eine „Gose" probieren

➤ **5 /** Hoch hinaus: Über dem Neuen Rathaus erhebt sich Deutschlands höchster Rathausturm

➤ **6 /** Vom Leipziger Markt aus die Innenstadt erkunden

➤ **7 /** Nach Giraffen Ausschau halten im Rosental

➤ **8 /** Barock in höchster Vollendung: Das Gohliser Schlösschen

➤ **9 /** Der wackelt ja! Hinauf auf den Rosentalturm

➤ **10 /** Abkürzung gewünscht? Der S-Bahnhof Möckern liegt am Wege

➤ **11 /** Kaffee und Lage vom Feinsten – relaxen am Kiosk ZierlichManierlich

➤ **12 /** Absatteln beim S-Bahnhof Wilhelm-Leuschner-Platz

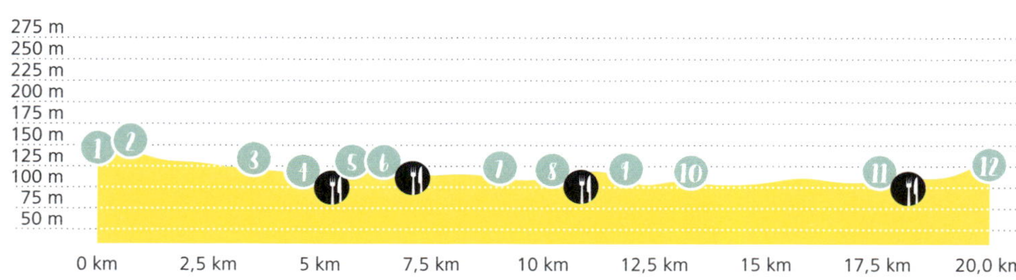

Sightseeing per Rad

Vom Völkerschlachtdenkmal zum Wackelturm

TOUR, DIE DU SO NIE GEMACHT HÄTTEST

Eine Sightseeingroute quer durch die Innenstadt mit dem Rad? Eigentlich eine Tour, die man so nie machen würde. Durch Leipzig radeln wir aber zumeist durch Parkanlagen und an Flussradwegen. Ein paar Straßenkilometer sind allerdings letztlich doch dabei.

20 Kilometer
50 Höhenmeter
1:45 Stunden
Streckentour

Kolossaler Start

Beim 1 / S-Bahnhof Völkerschlachtdenkmal steigen wir in den Sattel und queren auf der Prager Straße die Straßenbrücke in stadtauswärtiger Richtung. Gleich schwenkt die Route rechts auf dem Friedhofsweg in den kleinen Park ein, biegt an der nächsten Kreuzung links und gelangt nach wenigen Metern zum 2 / Völkerschlachtdenkmal. 100 Jahre nach der Niederlage Napoleons 1813 wurde der Koloss eingeweiht. Zurück im Park radeln wir nun nicht in den Friedhofsweg, sondern geradeaus über die Fußgängerbrücke ins Alte Messegelände. Gleich rechts fällt der Blick auf das berühmte Messe-Logo – ein Doppel-M –, dann geht es am unübersehbaren Sowjetischen Pavillon vorbei, heute der Sitz des Stadtarchivs. Du rollst geradewegs am Eingang vorbei und unterquerst das Alte Messe Gebäude 7.11 zum Deut-

CHARAKTER

Sportlich	●●○○○
Abkühlung	●○○○○
Schlemmen	●●●○○
Panorama	●●●●○

< links / Savanne im Rosental – das Zooschaufenster

schen Platz hin. Hier beeindruckt uns die wuchtige Fassade der Deutschen Nationalbibliothek. An der Semmelweisstraße orientieren wir uns rechts zur prunkvollen Russischen Gedächtniskirche hin, die an die 22.000 gefallenen russischen Soldaten der Völkerschlacht erinnert. Vor deren Hauptportal hältst du dich links und querst den 3 / Friedenspark auf dessen Längsachse. Der breite Weg führt am gegenüberliegenden Parkende am Duft- und Apothekergarten vorbei. Das schmiedeeiserne Tor entlässt dich aus der Grünanlage, du biegst gleich links und gelangst zur Johannisallee. Gegenüber folgst du der Liebigstraße durch das Gelände des Universitätsklinikums und erreichst dann auf der Nürnberger Straße nach wenigen Pedaltritten den Bayrischen Platz. Hier kannst du im Biergarten des 1844 eingeweihten 4 / Bayrischen Bahnhofs die berühmte Leipziger Gose – ein obergäriges Weizenbier – probieren. Danach geht es auf dem Radweg neben der Windmühlenstraße in Richtung Innenstadt weiter, wobei wir an der Ampel nicht (!) der Grünewaldstraße, sondern der Windmühlenstraße geradeaus folgen. Bald wird der verkehrsreiche Innenstadtring beim Wilhelm-Leuschner-Platz an der Fußgängerampel zum 5 / Neuen Rathaus hin überschritten. Vorbei an der repräsentativen Sandsteinfassade der Deutschen Bank fährst du zum Burgplatz hinter dem 1897 errichteten Rathaus mit seinem 115 m hohem Turm. Auf der Burgstraße rollst du nun vorbei am Denkmal für Johann Sebastian Bach – der als Thomaskantor in der Thomaskirche wirkte – zum 6 / Leipziger Markt mit dem Alten Rathaus, in dem sich das Stadtgeschichtliche Museum befindet. Hier heißt es nun: Rad abstellen, und die Fußgängerzone mit der Alten Börse, der Nikolaikirche und den zahlreichen traditionsreichen Messehöfen per pedes erkunden!

OASE DER RUHE

Direkt neben dem 2 / Völkerschlachtdenkmal lädt der Südfriedhof mit repräsentativen Grabmalen und friedlicher Atmosphäre zu einem kurzen Spaziergang ein.

TOUR, DIE DU SO NIE GEMACHT HÄTTEST

➤ rechts groß / Breite Front – die Fassade der Deutschen Nationalbibliothek ➤ rechts klein / Wuchtiges Gedenken – das Völkerschlachtdenkmal

KM 1

Leipzigs wohl bekanntestes Wahrzeichen bringt 300.000 t auf die Waage. Das 91 m hohe 2 / Völkerschlachtdenkmal erinnert an die Völkerschlacht gegen Napoleon im Herbst 1813, bei der 110.000 Soldaten ihr Leben verloren. Heute kann der Koloss bestiegen werden – nach 364 Stufen wird man mit einem grandiosen Rundblick belohnt.

Nicht nur für Botaniker!

Von der Johannisallee beim 3 / Friedenspark ist gleich der Botanische Garten in der Linnéstraße erreicht. Highlight der Anlage ist das Schmetterlingshaus.

Zebras und Giraffen

Später rollen wir vom Haupteingang der Thomaskirche auf der Großen Fleischergasse zum Richard-Wagner-Platz. Du nutzt hier die Fußgängerampel über den Tröndlinring, überquerst auch die Pfaffendorfer Straße, nutzt für nur 200 m den Radweg neben dem Ranstädter Steinweg und biegst rechts in die Jacobstraße ein. Wir lassen uns nun von der Radwegbeschilderung Richtung Gohlis leiten, schwenken deshalb links in die Gustav-Adolf-Straße ein und und halten uns bald rechts in die Tschaikowskistraße. Das Waldstraßenviertel ist eines der größten geschlossen erhaltenen Gründerzeitviertel in Europa – Erker, Türmchen und Skulpturenschmuck, wohin das Auge blickt. Am Ende der Tschaikowskistraße überbrückst du den Elstermühlgraben, nutzt die Ampel und gelangst ins 7 / Rosental. Sogar August der Starke wollte sich hier einst ein Schlösschen bauen lassen, was von den Leipziger Ratsherren trickreich verhindert wurde. Die großzügig angelegten Wiesen werden rege zum Bräunen und Flanieren genutzt. Die Weiser geben uns

Tour, die du so nie gemacht hättest

hier die Destination Gohliser Schlösschen vor. Zuvor unternehmen wir noch den kurzen Abstecher zum Zooschaufenster am westlichen Wiesenrand und wähnen uns angesichts der weidenden Zebras und Giraffen für einen Moment in Afrikas Savanne. Vom Weiser radelst du dann auf asphaltiertem Untergrund in den schütteren Wald. Der Leibnizweg leitet dich geradeaus zur kleinen Brücke über die Parthe, wo du unbedingt einen Blick auf das nahe 8 / Gohliser Schlösschen werfen solltest. Diese Perle spätbarocker Architektur liegt inmitten eines Gartens, in dem du deinen duftenden Kaffee in traumhaften Ambiente genießen kannst.

Schaukelnd in luftigen Höhen

Wir rollen zurück zur Parthebrücke, wo uns die Beschilderung nun den Weg in Richtung Auensee weist. Die Route verläuft nahe des linken Flussufers, überschreitet die Waldstraße an der Fußgängerampel und führt geradeaus auf dem Radweg weiter, während die Parthe rechts in den Wald schwenkt. Nur ein paarmal treten wir in die Pedale, dann biegen auch wir beschildert entsprechend der Destination Rosentalhügel/Aussichtsturm rechts ein. Schon nach 500 m kommst du am Fuß des Hügels zum Halten. Der Blick vom 9

1842

Ab 1842 verkehrten erste Züge der Sächsisch-Baierschen-Eisenbahn. Auch der 4 / Bayrische Bahnhof entstand, wobei Aktionäre das schmucke klassizistische Gebäude als„Tempel der Verschwendung" bezeichneten. Heute ist der„Tempel" das stilvolle Refugium eines Biergartens.

< links / Die Russische Gedächtniskirche ^ oben / Leipziger Messelogo – das Doppel-M

Barockes Ambiente

Das 8 / Gohliser Schlösschen punktet nicht nur mit barocker Architektur vom Feinsten, sondern auch mit einem tollen Café. Genuss in traumhaftem Ambiente also!

/ Rosentalturm – von den Leipzigern auch liebevoll als Wackelturm bezeichnet – über den Auwald ist grandios. Besonders spannend ist der Aufstieg bei Wind – dann wiegt sich der Bau sacht hin und her. Am Fuß der Erhebung hältst du dich (mit Blick auf den Turm) rechts hin zur knapp 100 m entfernten Parthebrücke und radelst auf der anderen Seite auf der Herloßsohnstraße weiter. An deren Ende schwenkst du links auf die Möckernsche Straße ein, die in die Kirschbergstraße übergeht. Nahe des 10 / S-Bahnhofs Möckern biegt die Tour bei Haus Nr. 51 links in den Heuweg. Dieser bringt uns entlang der Gleise ins weite Elsterflutbecken. Hier unterquerst du die Bahnstrecke, bleibst auf dem Deichweg links des Flutbeckens und passierst bald das Luppe- und das Elsterwehr. Danach geht es über die Hans-Driesch-Straße gerade hinweg und an der Red Bull Arena – der Spielstätte von Leipzigs Fußball-Primus RB – vorbei. Wenige Pedaltritte weiter kannst du am 11 / Kiosk Zierlich-Manierlich in chilliger Atmosphäre pausieren – der leckere Kuchen ist selbst gebacken und der Kaffee frisch aus der Rösterei! Geradewegs kommen wir nun noch am historischen Palmengartenwehr vorbei, kreuzen die Käthe-Kollwitz-Straße und orientieren uns bei der verkehrsberuhigten Sachsenbrücke nach links in Richtung Zentrum. Am Kreisverkehr biegen wir in die Beethovenstraße ein, bestaunen die kolossalen Fassaden der Universitätsbibliothek Albertina und des Bundesverwaltungsgerichts im einstigen Reichsgericht und streben dann dem 12 / S-Bahnhof Wilhelm-Leuschner-Platz zu.

Grün

Kaum zu glauben, wie grün Leipzig sich vielerorts zeigt. Parks und Auenwälder ziehen sich durch das ganze Stadtgebiet. Eine gute Übersicht verschaffst du dir vom 9 / Aussichtsturm im Rosental – du blickst auf Baumwipfel, so weit das Auge reicht.

Tour, die du so nie gemacht hättest

TOURENINFO / Die Tour führt an einer ganzen Reihe der Leipziger Sehenswürdigkeiten vorbei und verläuft in Parks, auf Radwegen und Straßen.

➤ **1 /** S-Bahnhof Völkerschlachtdenkmal ➤ **2 /** Völkerschlachtdenkmal ➤ **3 /** Friedenspark ➤ **4 /** Bayrischer Bahnhof ➤ **5 /** Neues Rathaus ➤ **6 /** Leipziger Markt ➤ **7 /** Rosental ➤ **8 /** Gohliser Schlösschen ➤ **9 /** Rosentalturm ➤ **10 /** S-Bahnhof Möckern ➤ **11 /** Kiosk ZierlichManierlich ➤ **12 /** S-Bahnhof Wilhelm-Leuschner-Platz

START
S-Bahnhof Völkerschlacht-denkmal
ZIEL
S-Bahnhof Wilhelm-Leuschner-Platz
HINKOMMEN
Auto / Parkmöglichkeiten auf dem Gelände der Alten Messe
ÖPNV / S-Bahnlinien S1 und S2 Richtung Stötteritz sowie S3 Richtung Wurzen
LSG Nördliche Rietzschke
MÖCKERN
GOHLIS
EUTRITZSCH
SCHÖNEFELD-ABTNAUNDORF
Mariannenpark
Rosental
Parthe
Weiße Elster
NEUSTADT-NEUSCHÖNEFELD
VOLKMARSDORF
LSG Östliche Rietzschke
Stünz
ANGER-CROTTENDORF
REUDNITZ-THONBERG
LEIPZIG
ZIEL
START
Clara-Zetkin-Park
Elsterflutbett
PLAGWITZ
SCHLEUSSIG
SÜDVORSTADT
STÖTTERITZ
Südfriedhof
MARIENBRUNN
CONNEWITZ
Elster- und Pleiße-Auewald
Pleiße
B 2
B 2; B 6
B 6; B 87
B 87
S 1
S 38
2 km

HALLO FEIERABEND!

Wir radeln in den Sonnenuntergang, wie hier auf Tour 8 zu Burg Gnandstein

MEHR ERFAHREN

SPANNENDE TAGESTOUREN DIE JEDER SCHAFFT

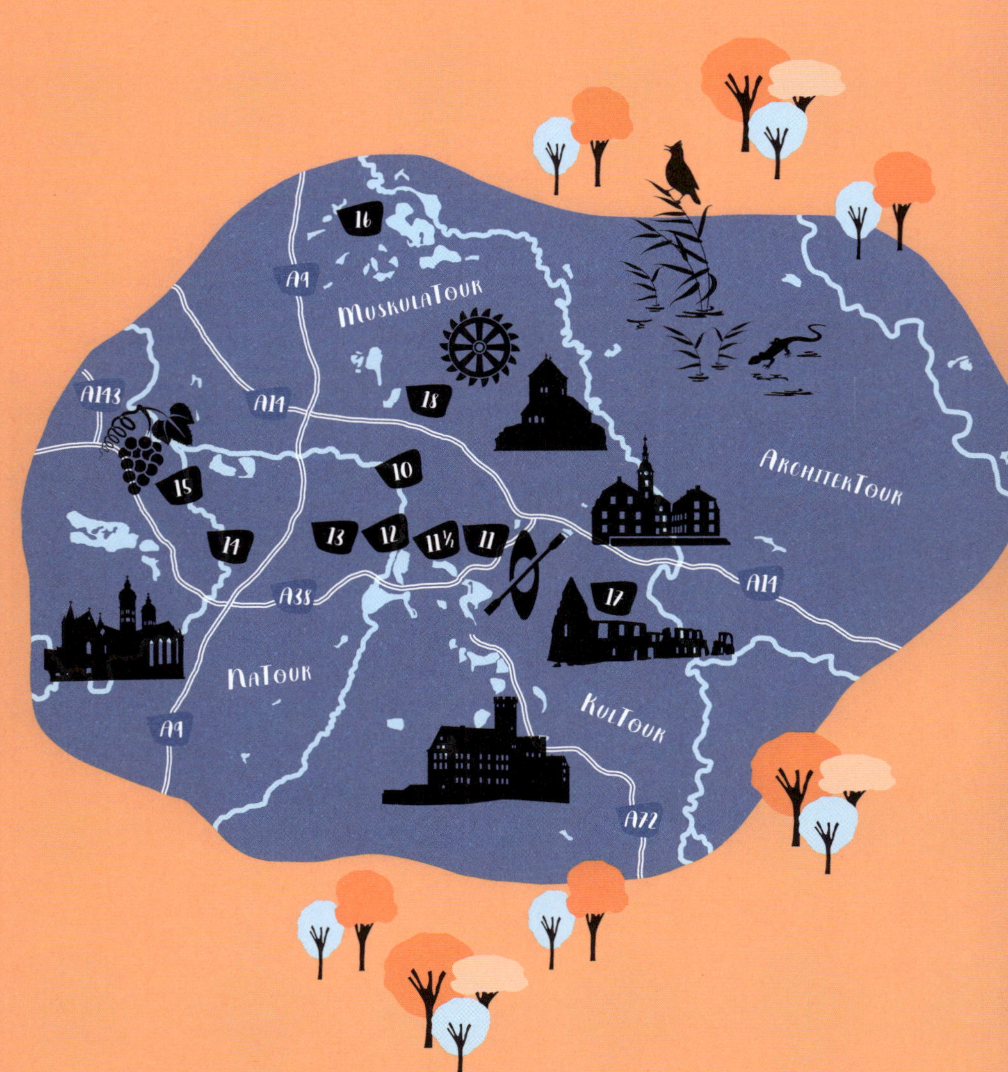

AUWALD-EXKURSION

Ob Vogelstimmenwanderung oder Wildkräuterführung – ich schaue oft ins Programm der Auwaldstation. Warum nicht eine Radtour mit einer Themenwanderung verbinden?

➤ **1 /** Beim Leipziger Stadthafen steigen wir in den Sattel

➤ **2 /** Die Seele baumeln lassen am Auensee

➤ **3 /** Bei der Leipziger Auwaldstation durch den Schlosspark flanieren

➤ **4 /** In der Domholzschänke eine „Gose probieren

➤ **5 /** Ab ins kühle Nass am Badesee von Kleinliebenau

➤ **6 /** Die Horburger Madonna in der Marienkirche von Horburg bewundern

➤ **7 /** Am Bahnhof Großkugel steigen wir in die S-Bahn

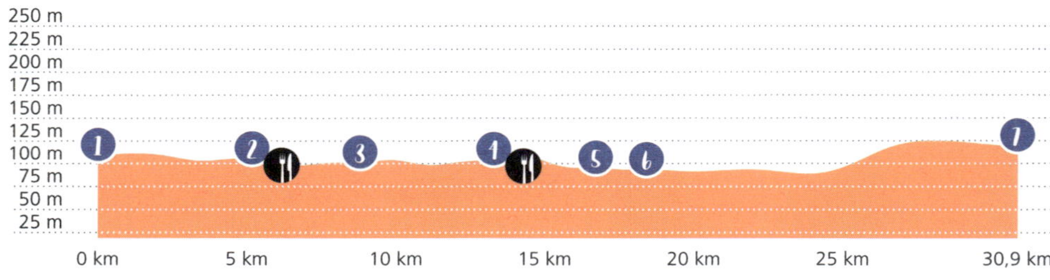

Leipziger Flusslandschaften

Zwischen Weißer Elster, Nahle, Luppe und Auensee

Wir starten – ganz maritim – beim Leipziger Stadthafen und rollen gleich über die Deiche von Elsterflutbecken und Luppe. Nach einer Kahnpartie auf dem Auensee erkundest du den verträumten Schlosspark von Lützschena. Selbst ein kleiner Badesee liegt am Wege.

31 Kilometer
30 Höhenmeter
2:30 Stunden
Streckentour

Am Elsterflutbecken

Beim 1 / Leipziger Stadthafen startest du am Parkplatz in der Schreberstraße und überquerst auf der Elsterbrücke den Elstermühlgraben, wobei du für den schönen Blick auf das kleine Hafenareal kurz innehalten solltest. Du lässt nun das bereits 1866 gegründete Schreberbad links liegen, folgst dem Ufer des Mühlgrabens allerdings nur 100 m und schwenkst dann links hin zur Jahnallee. Die Verkehrsachse wird an der Ampel gequert. Dann rollen wir auf dem Radweg neben der verkehrsreichen Straße in Richtung Schkeuditz nach links. Wir radeln an der Arena Leipzig – der größten Veranstaltungshalle der Stadt – vorbei. Dahinter fällt der Blick auf die Red Bull Arena, dem Stadion von RB Leipzig. Vor der Straßenbrücke über das Elsterflutbecken halten wir uns 50 m rechts

Charakter

Sportlich	●●●○○
Abkühlung	●●●●○
Schlemmen	●●●○○
Panorama	●●●○○

< links / Die Weiße Elster beim Schloss Lützschena

zum etwas versteckten Radweg hin und gelangen hinab zum breiten Uferweg, dem die Route nach rechts folgt. Die Tour verläuft immer dicht an der durch ein künstliches Bett gezähmten Weißen Elster entlang. Wir überqueren die breite Hans-Driesch-Straße und kommen an einigen Bänken vorbei. Danach führt der Radweg über das Untere Elsterwehr und damit über die Weiße Elster. Zusammen mit den benachbarten Wehren an der Neuen Luppe und der Nahle bildet es den nördlichen Abschluss des Elsterbeckens – und das schon seit 1925. Gleich surren die Pneus auf dem bestens ausgebauten Radweg auch am Luppewehr vorüber. Tosend stürzen sich hier die Wassermassen aus dem Flutbecken ins sehr viel schmalere und weiträumig eingedeichte Bett der Neuen Luppe.

Kahnpartie auf dem Auensee gefällig?

Wir radeln nun auf diesem Hochwasserschutzdeich, unterqueren zwei Bahnstrecken und gelangen bald zum pittoresken 2 / Auensee gleich rechts unseres Weges. Warum nicht einen Stopp im Haus am See einschieben? Idyllischer kann ein Imbiss (mitten in der Stadt) kaum liegen! Hier gilt es nun, sich zu entscheiden: Kaffee und Kuchen oder Fischbrötchen? Unentschlossene können zunächst aber auch eine Kahnpartie unternehmen – der Bootsverleih hat Ruder- und Tretboote im Angebot (haus-am-see-auensee.business.site). Gestärkt schwingen wir uns wieder in den Sattel. Eben und aussichtsreich sausen wir auf dem Deich dahin, während sich über uns der (hoffentlich) blaue Himmel wölbt. Nach ca. 3 km – die Radwegbeschilderung weist hier die Destination Lützschena-Bahnhof aus – biegst du für einen Kurzabstecher rechts in den Schlosspark von Lützschena ein. Bei einer Steinskulptur querst du ein Brückchen, holperst einige Meter auf einer Allee und lässt dich vom Weiser zur 3 / Leipziger Auwaldsta-

RUHETANKSTELLE RUDERBOOT

Ganz entspannt kannst du dich im Ruderboot über den 2 / Auensee treiben lassen – eine kleine Auszeit, die sich problemlos in die Tour einbauen lässt.

➤ rechts groß / Der Stadthafen Leipzig am Elstermühlgraben, wo wir starten ➤ rechts klein / Der Auensee

KM 1

Leipzig will auch vom Wasser aus erkundet sein! Egal, ob auf dem Karl-Heine-Kanal, auf den Flüssen und Kanälen zwischen Innenstadt und Cospudener See oder durchs Neuseenland – am 1 / Stadthafen (www.stadthafen-leipzig.com) können Kanu-Touren für jeden Anspruch gebucht werden. Besonders zu empfehlen: die Mondscheintour!

Schlosspark entdecken

Plane ruhig etwas Zeit ein, um den ab 1822 angelegten Schlosspark bei der **3 / Auwaldstation** mit seinen Statuen, Tempelchen und Teichen zu erkunden.

Lustwandeln im Schlosspark

tion leiten. Direkt neben dem Infozentrum verhilft dir eine Beobachtungsplattform hoch oben in einer Baumkrone zum Überblick über den Schlosspark. Danach kannst du den kleinen, verträumten Landschaftspark mit Teichen und Entenhäuschen, Statuen und Pavillon noch geruhsam zu Fuß erkunden. Dann radeln wir auf dem Deich neben der Luppe entsprechend der Destination Schkeuditz weiter flussabwärts und kreuzen bald eine Landstraße.

Von der Domholzschänken zum Kleinliebenauer Badesee! Unsere Route ignoriert den Radwegabzweig zum Schkeuditzer Markt und biegt auch beim Richtung Halle abzweigenden Elster-Radweg nicht (!) rechts. Wir orientieren uns hier vielmehr links, nutzen die Radlerbrücke über den Fluss und folgen damit der Wanderbeschilderung zur Domholzschänke. Gleich nach der Überquerung der Luppe hält sich die Tour rechts und schwenkt schon 200 m weiter scharf links in den Wald. Gleich empfängt dich dich-

tes Grün und der Schatten unter den Kronen mächtiger Eichen. Schon nach weiteren 200 m biegst du allerdings unmarkiert rechts auf einen Wirtschaftsweg ein. Traumhaft an einer ausgedehnten Lichtung gelegen erwartet dich bereits nach wenigen Pedaltritten die traditionsreiche 4 / Domholzschänke. Beim Biergarten inmitten des Auwaldes kannst du erst einmal auf die Bremse treten und genüsslich pausieren (www.domholzschaenke.com). Vielleicht magst du hier die berühmte Leipziger Gose – ein obergäriges Weizenbier mit leicht salzig-säuerlichem Geschmack – probieren. Nach der zünftigen Rast folgst du nun dem Asphaltsträßchen und damit der Destination Kleinliebenau. Dichter Wald und – nach Querung der B 186 – aussichtsreiche Weiden begleiten die Tour bis zum kleinen Ort, wo sie von einem Reiterhof empfangen wird. In Kleinliebenau leitet die Gutshofstraße bis zur Rittergutskirche. In dem kleinen Bau, der als Pilgerkirche genutzt wird, finden häufig Veranstaltungen statt. Du bleibst dem Hauptstraßenverlauf treu, verlässt das Dorf und radelst gleich an einer Campingplatzzufahrt vorbei. Du fändest eine Abkühlung gut? Voilà – hier wäre die Möglichkeit dazu! Nur wenige Meter entfernt gibt's einen 5 / Badesee.

KM 13

Wie wär's im urgemütlichen Biergarten der 4 / Domholzschänke mit einer Gose? Das obergärige Weizenbier mit leicht salzig-säuerlichem Geschmack stammt ursprünglich aus Goslar (daher der Name), wird aber heutzutage vor allem in der sächsischen Messestadt gebraut.

◄ links / Im Schlosspark Lützschena ▲ oben / Radeln in Leipzigs Flusslandschaft

Leipziger Pilgerziel – die Horburger Madonna

Nach einer Erfrischung gelangst du nun bald nach 6 / Horburg, wo an der gotischen Feldsteinkirche eine Verzweigung erreicht wird. Unbedingt solltest du hier jedoch einen Blick in die trutzige Marienkirche werfen. Die Horburger Madonna – eine Sandsteinskulptur – machte Horburg bereits im Mittelalter zu einem bedeutenden Pilgerort. Die Marienfigur wurde um 1250 vom berühmten Naumburger Meister geschaffen und erlangte wegen eines Tränenwunders weite Verehrung. Du bewunderst die zarte Skulptur, machst vielleicht noch einem kleinen Spaziergang über den Kirchhof mit einigen historischen Grabmalen und schwingst dich wieder aufs Rad. Nun orientieren wir uns in Richtung Dölkau, radeln kurvenreich durch Horburg und biegen beim Ortsausgangsschild rechts auf eine Forststraße ein.

HORBURGER ZWIEBELMARKT

Alljährlich an einem Wochenende im September steht 6 / Horburg ganz im Zeichen der Zwiebel. Dann findet nämlich das bunte Treiben des Zwiebelmarktes statt.

Zwischen Luppe und Weißer Elster

Die Route bleibt immer auf dem Hauptweg, überbrückt gleich den schmalen Altarm der Luppe und verläuft nun durch ein Naturschutzgebiet. Bald geht es durch aussichtsreiche Felder, während der Weg zunehmend holpriger wird. Kurz vor dem begra-

KM 18

Ein besonderer Stopp erwartet dich in 6 / Horburg. In der Marienkirche ist seit Jahrhunderten die Horburger Madonna ein Pilgerziel. Die Steinskulptur wurde um 1250 geschaffen. Das fein gestaltete Gesicht, die Körperhaltung und der Faltenwurf des Gewandes weisen sie als Arbeit des berühmten Naumburger Meisters aus.

digten Flussbett der Weißen Elster gelangst du zu einem Querweg, hältst dich rechts und überquerst wenige Pedaltritte weiter auf der Brücke den Fluss. Danach schwenken wir am Radweg links und rollen auf der asphaltierten Deichkrone durch die weite, sattgrüne Auenlandschaft – hin und wieder sind hier Schafherden zu entdecken. Nach etwas mehr als 2 km passiert die Route die ersten Häuser des Raßnitzer Ortsteils Weßmar, biegt auf den Pflasterweg rechts ein und gelangt zur Durchgangsstraße. Auf dieser radelst du nach links weiter, passierst die Kirche und orientierst dich wenig später auf das Sträßchen nach Röglitz. Der Hauptstraßenverlauf leitet dich durch dieses hindurch und bald zum Ortseingang von Großkugel. Dort hält sich die Tour an der stärker befahrenen Bundesstraße 100 m rechts, schwenkt dann gleich links in die Neue Straße und verläuft schließlich auf der Dorfstraße durch den Ort bis zum 7 / Bahnhof Großkugel (vor der Straßenbrücke halb rechts).

TOURENINFO / Wir radeln auf Radwegen und wenig befahrenen Landstraßen. Auf kurzen Abschnitten ist auch mit stärkerem Verkehr zu rechnen. Badesachen nicht vergessen.

< links / Wallfahrtskirche in Horburg ^ oben / Radweg an der Neuen Luppe

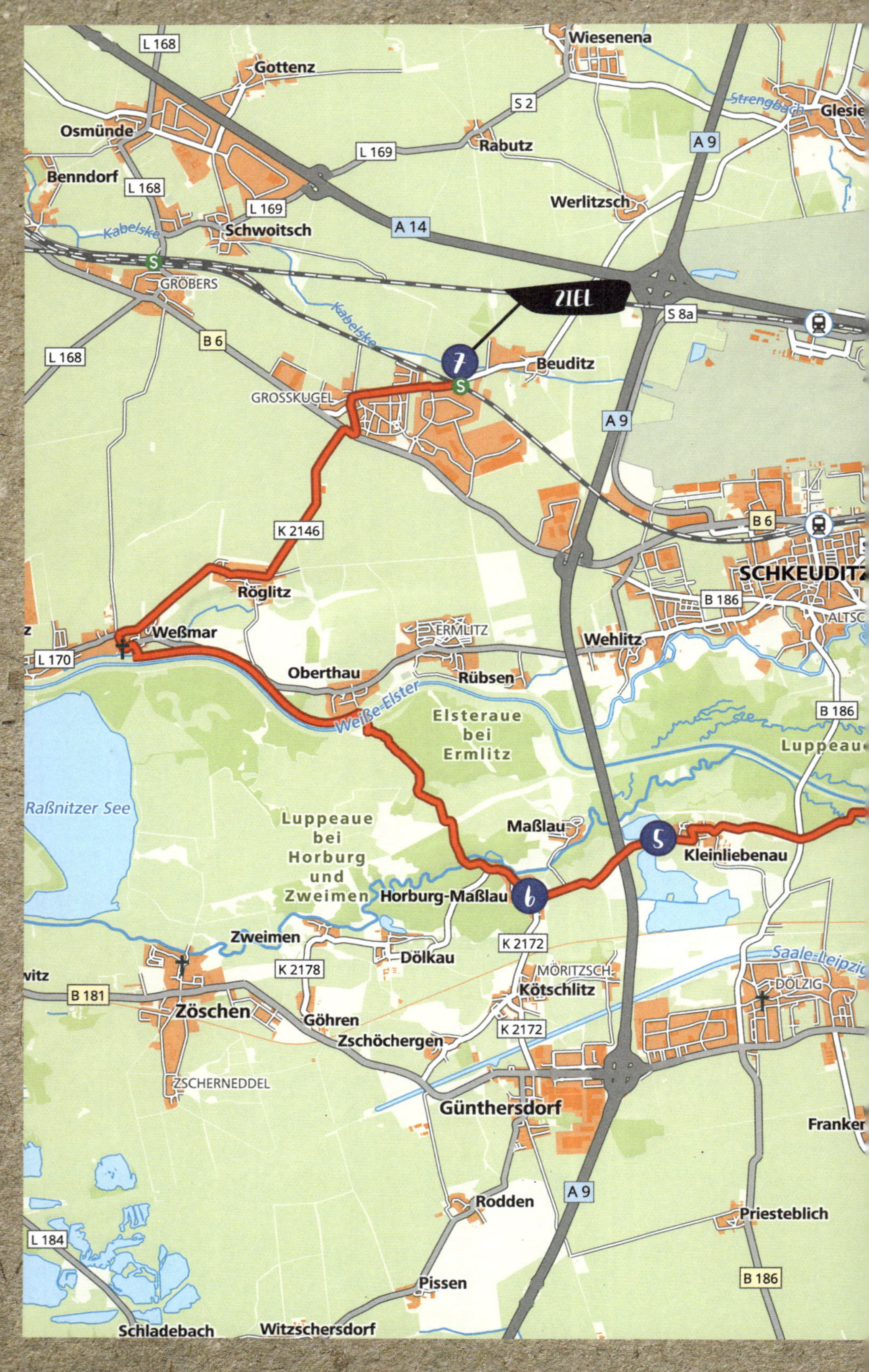

Wiesenena
L 168
Gottenz
S 2
Strengbach
Glesie
Osmünde
A 9
Rabutz
L 169
Benndorf
L 168
L 169
Werlitzsch
Schwoitsch
A 14
Kabelske
GRÖBERS
ZIEL
S 8a
Kabelske
B 6
L 168
7
Beuditz
GROSSKUGEL
A 9
K 2146
B 6
SCHKEUDITZ
Röglitz
B 186
ALTSC
Weßmar
ERMLITZ
Wehlitz
L 170
Oberthau
Rübsen
Weiße-Elster
Elsteraue bei Ermlitz
B 186
Luppeau
Raßnitzer See
Luppeaue bei Horburg und Zweimen
Maßlau
5
Kleinliebenau
Horburg-Maßlau
6
Zweimen
Dölkau
K 2172
K 2178
MÖRITZSCH
Saale-Leipzig
DÖLZIG
B 181
Kötschlitz
Zöschen
Göhren
K 2172
Zschöchergen
ZSCHERNEDDEL
Günthersdorf
Franker
Rodden
A 9
Priesteblich
L 184
Pissen
B 186
Schladebach
Witzschersdorf

START
Stadthafen Leipzig
ZIEL
Bahnhof Großkugel
HINKOMMEN
Auto / Parkplatz beim Stadthafen ÖPNV / Straßenbahn-Linien 1, 2, 8, 14 (Haltestelle Westplatz)
› 1 / Leipziger Stadthafen › 2 / Auensee › 3 / Leipziger Auwaldstation › 4 / Domholzschänke › 5 / Badesee › 6 / Horburg › 7 / Bahnhof Großkugel
Wolteritz
Schladitzer See
Gerbisdorf
Rackwitz
Hayna
Podelwitz
Radefeld
Freiroda
LÜTZSCHENA-STAHMELN
Hänichen
Lützschena
Quasnitz
Stahmeln
WAHREN
LSG Nördliche Rietzschke
MÖCKERN
GOHLIS
Auensee
Neue Luppe
Burgaue
Nahle
BÖHLITZ-EHRENBERG
Burghausen
LEIPZIG
LEUTZSCH
Weiße Elster
Kleine Luppe
ALTLINDENAU
NEULINDENAU
START
Clara-Zetkin-Park
PLAGWITZ
SCHLEUSSIG
SCHÖNAU
GRÜNAU-NORD
GRÜNAU-OST
GRÜNAU-MITTE
MILTITZ
2 km

TECHNIK-GIGANTEN

Ich lege immer einen Stopp im Bergbau-Technik-Park ein. Schon die gigantischen Ausmaße des dort präsentierten 1.300-Tonnen-Schaufelradbaggers beeindrucken!

➤ **1 /** Am Parkplatz Wildpark beginnt und endet die Tour

➤ **2 /** Beim Pavillon am Teich im agra-Park die Seele baumeln lassen

➤ **3 /** Sich die frische Brise an der Seepromenade des Markkleeberger Sees um die Nase wehen lassen

➤ **4 /** Flanieren im Park von Schloss Güldengossa

➤ **5 /** Was für ein Blick vom Aussichtspunkt Störmthal!

➤ **6 /** Am Sandstrand des Störmthaler Sees ins glasklare Wasser hüpfen

➤ **7 /** Im Freisitz beim Vineta-Bistro eine Pause einlegen

➤ **8 /** Die Giganten des Bergbau-Technik-Parkes bewundern

➤ **9 /** Den Blick über den See beim Rastplatz Markkleeberger See genießen

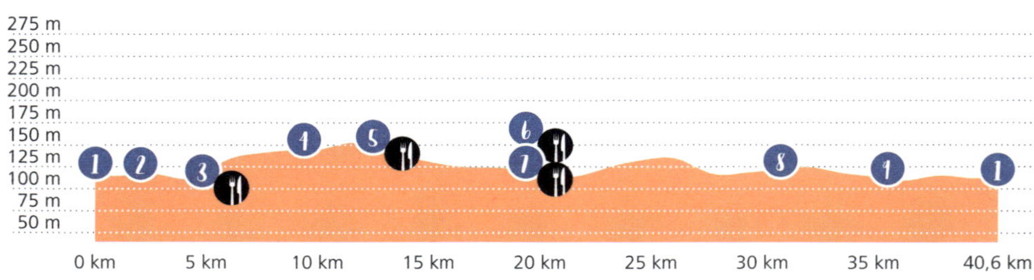

Vom Tagebau zur Seenplatte

Um den Markkleeberger und Störmthaler See

Immer dicht an der Uferlinie rollen wir auf bestem Untergrund um den Markkleeberger und den Störmthaler See. Aussichtspunkte und Strände, Einkehrmöglichkeiten und sogar eine schwimmende Insel laden dabei zu entspannten Stopps ein.

41 Kilometer
50 Höhenmeter
3:30 Stunden
Rundtour

Auf geht's!

Wir starten unsere Tour am 1 / Parkplatz Wildpark in der Koburger Straße und radeln auf dem fahrbahnbegleitenden Radweg stadtauswärts in Richtung Markkleeberg. Schon nach 500 m schwenkt die Route bei der Fernwärmeleitung links auf einen asphaltierten Weg ein und folgt nach 100 m dessen Rechtskurve. Bereits nach wenigen Pedaltritten rollst du neben der Pleiße und passierst das etwas versteckt liegende Deutsche Fotomuseum. Neben einem Rundgang zur Fotografiegeschichte werden Sonderausstellungen präsentiert – eine unbedingte Empfehlung für deinen Rückweg, der dich wieder am Museum vorüberführt. Wenige Meter weiter führt eine Fußgängerbrücke links über die Pleiße – der Weiser gibt die Destinationen Altenburg und Großstädeln vor. Zuvor solltest du dir aber den Abstecher in den

Charakter

Sportlich	●●●●○
Abkühlung	●●●●●
Schlemmen	●●●●○
Panorama	●●●●○

< links / Vom Vineta-Anleger starten die Boote zum schwimmenden Kunstobjekt im Störmthaler See

rechter Hand liegenden 2 / agra-Park nicht entgehen lassen. Hier strahlen das Weiße Haus und ein Pavillon am Teich in blendendem Weiß mit dem satten Grün der Rasenfläche um die Wette. Haus und Park wurden Ende des 19. Jahrhunderts für den Zeitungsverleger Paul Herfurth als Sommerresidenz erbaut. Heute steht das schöne Parkgelände allen offen, und so kannst du dich für ein paar ruhige Minuten am Ufer des Teiches ins weiche Gras legen. Schließlich radelst du über die Pleißebrücke, unterquerst die Bundesstraße, hältst dich rechts und wechselst nach 250 m wieder unter der B 2 hindurch und über den Fluss. Nach einigen Pedaltritten leitet uns die Beschilderung in Richtung Markkleeberger See erneut auf der Mönchereibrücke über das träge strömende Gewässer und unter der Straße hinweg.

KULTUR IM WEISSEN HAUS

Ob klassische Klavierkonzerte im Spiegelsaal, Ausstellungen oder Vorträge – das Weiße Haus ist für Kultur immer eine gute Adresse (www.markkleeberg.de).

Vom Tagebauloch zum Seeidyll

Ein lichtes Gehölz begleitet nun bis zum Weiser mit der Knotenpunktnummer 06. Über die Gärten hinweg zeigt sich die kleine Markkleeberger Auenkirche, deren Ursprünge aus der romanischen Zeit datieren und deren Inneres einen gotischen Flügelaltar birgt. Auch hier orientieren wir uns an der Destination Markkleeberger See, queren eine Landstraße und radeln durch Weiden und Pferdekoppeln. Du atmest tief durch, genießt das ländliche Flair und erreichst beim Knotenpunkt 10 den Markkleeberger See. Ufernah rollen wir bis zur 3 / Seepromenade. Mit einem wunderbaren Blick über den See kannst du auf der Terrasse des Strandhauses (www.dein-strandhaus.de) pausieren und dir die frische Seebrise um die Nase wehen lassen. Dann setzen wir die Tour auf der Auenhainer Straße etwas oberhalb des Gewässers fort und peilen den Knotenpunkt 19 an. Aussichtsreich und vorbei an vielen Panoramapunkten sausen wir über den Asphalt. Der Blick schweift über die blaue

---

➤ rechts groß / Das Weiße Haus im agra-Park ➤ rechts klein / Pavillon am Teich im agra-Park

KM 2 & 39

Im Deutschen Fotomuseum Leipzig werden neben einem Rundgang zur Fotografiegeschichte auch wechselnde Sonderausstellungen – wie beispielsweise die Preisträger des cewe Photo Award – präsentiert. Ein ausgesprochen lohnender Besuch, gerade auf dem Rückweg der Tour (www.fotomuseum.eu).

Kajak oder Ruderboot?

Perspektivwechsel gewünscht? Bei der **3 / Strandpromenade** am Markkleeberger See kannst du das Rad abstellen und eine Bootstour unternehmen.

Wasserfläche, den Horizont dominieren allerdings die gigantischen Silhouetten eines Schaufelradbaggers und eines Bandabsetzers. Beide Großgeräte – zusammen fast 4.000 t schwer – sind heute in einem Bergbau-Technik-Park zum Halten gekommen, den wir später erreichen werden. Sie erinnern an die Entstehung des Markkleeberger Sees als Teil des Braunkohletagebaus Espenhain. Die Flutung erfolgte erst zwischen 1999 und 2006.

Tagebau-Vergangenheit

Schwimmende Insel voraus!

Geradewegs surren die Pneus bis zu einer Straße, an der wir uns an der ausgewiesenen Richtung Borna orientieren. Zuvor solltest du aber einen Blick auf den Kanupark (kanupark-markkleeberg.com) etwas unterhalb werfen – vor allem die Wildwasser-Rafting-Anlage ist ein echter Eyecatcher. Lust bekommen auf eine rasante Fahrt durch die Gischt? Auf geht's! Unsere weitere Route verläuft schließlich auf dem Sträßchen unterhalb eines Kletterparks entlang und um eine Ferienanlage herum. Auch am Knotenpunkt 19 orientieren wir uns an der Destination Borna und steuern so den Knotenpunkt 82

an. Beim Knoten 19 kann die Tour zum Weiser 05 und unserem Tourenstopp 8 abgekürzt werden – dann wird nur der Markkleeberger See umrundet. Wir nutzen aber die Autobahnüberführung, erreichen damit den Rundkurs um den Störmthaler See und kommen zum Abzweig nach Güldengossa. Der kurze, beschilderte Abstecher zum gleichnamigen 4 / Schloss, das 1720 errichtet wurde und heute privater Besitz ist, lohnt sich vor allem wegen eines Spazierganges durch den romantischen Landschaftspark mit seinem alten Baumbestand. Ein wundervoller Ort für eine entspannte Schattenpause. Auf unserem weiteren Rundweg gelangst du zum Knotenpunkt 82 – das Panorama am hiesigen 5 / Aussichtspunkt Strömthal bringt dich zum Halten. Unweigerlich fällt dein Blick auf die Vineta. Das schwimmende Kunstobjekt (übrigens das höchste auf einem deutschen See) erinnert an die verlorene Magdeborner Kirche, die dem Tagebau weichen musste. Heute wird sie als Veranstaltungsort genutzt. Über die Dimension des Espenhainer Tagebaus unterrichten hier Infotafeln, Bänke laden zur Rast ein und für eine Stärkung sorgen der urige Kiosk Speisewagen 51 oder das nahe Störmthaler Gasthaus am See.

230 FUSSBALLFELDER

Seit 1940 wurde im Bereich des heutigen 3 / Markkleeberger Sees Braunkohle gefördert. Durch die Flutung ab 1999 hat das 252 ha (230 Fußballfelder) große Gewässer eine Tiefe von 62 m erreicht und hält damit die Spitzenposition im Leipziger Neuseenland.

< links / Pleißeradweg bei Markkleeberg ^ oben / Hafen am Störmthaler See

Zum Strand!

Die Pneus surren auf dem aussichtsreichen Wegabschnitt zum Weiser 87. Wir wenden uns rechts und sausen mit einem Gefälle von 11 % kurvenreich bergab. Am Knoten 77 orientiert sich die Tour in Richtung Neuseenbrücke und bald auch wieder zum Seeufer hin. Hier radelst du gleich durchs Resort Lagovida. Lust auf eine Rast? Gerade zur blauen Stunde sitzt es sich wunderbar im Restaurant am Hafen (www.lagovida.de). Wenige Pedaltritte weiter verlockt dann zudem ein weißer 6 / Sandstrand des Störmthaler Sees zur Abkühlung – Urlaubsfeeling pur! Kaum wieder in Schwung, bremsen wir erneut ab: Am traumhaft-gemütlichen Freisitz beim 7 / Vineta-Bistro (im ehemaligen Dispatcherturm des Tagebaus) kann man einfach nicht vorbeifahren (www.vineta-stoermthal.de)! Auch die Bootstouren zur Vineta starten hier. Endlich treten wir wieder in die Pedale, radeln entlang der Uferlinie und an birkenumstandenen Badestellen sowie einem weiteren Strand vorbei. Beim Knotenpunkt 84 hält sich die Route entsprechend der Destination Neuseenbrücke rechts. Du querst bald ein Bahngleis, biegst gleich danach rechts und rollst ein Stück neben diesem, bevor es erneut überquert wird. Aus-

SUP STATT SATTEL

Am Anleger unterhalb des 7 / Vineta-Bistros kannst du vom Sattel aufs SUP wechseln. Anfängerkurse sind genauso möglich wie geführte Touren (www.standuppaddlingleipzig.de).

KM 20

Reif für die Insel? Vom 7 / Vineta-Bistro kann man Ausflüge zum gleichnamigen schwimmenden Kunstobjekt unternehmen. Es symbolisiert die verlorene Magdeborner Kirche, die dem Tagebau weichen musste. Genutzt wird Vineta vor allem als außergewöhnlicher Veranstaltungsort: www.vineta-stoermthal.de.

sichtsreich sausen wir nun am See entlang und pausieren noch einmal bei einem malerisch gelegenen Rastplatz.

Abstecher zu den Giganten der Technik

Ein Weiser am Weg lädt zum Abstecher in den nahen 8 / Bergbau-Technik-Park ein, wo Schaufelradbagger und Bandabsetzer weithin sichtbare Landmarken darstellen. Dann nimmt die Tour die Destination Neuseenbrücke wieder auf, unterquert die Autobahn und erreicht Knoten 05. Danach fährst du bei Weiser 02 geradeaus in Richtung Seepromenade und Knoten 10 weiter. Nach einem lichten Gehölz öffnet sich urplötzlich das Panorama über den Markkleeberger See: Was für ein Blick! Du kannst ihn von einem 9 / Rastplatz genießen. Zwischen Weiden radelst du zum Knoten 10, von dem du auf bekanntem Wege zum 1 / Parkplatz am Wildpark zurückkehrst.

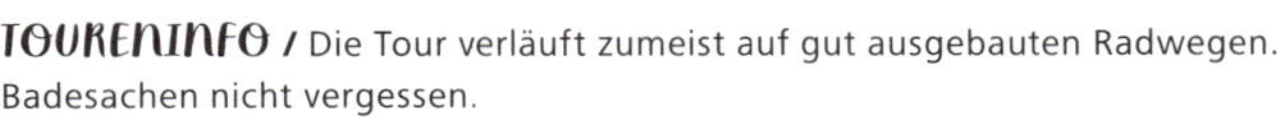

TOURENINFO / Die Tour verläuft zumeist auf gut ausgebauten Radwegen. Badesachen nicht vergessen.

‹ links / Das Vineta-Bistro, ein Dispatcherturm des ehemaligen Tagebaus ˄ oben / Abendstimmung am Störmthaler See

ABENTEUER WILDNIS

Im Kanu durch Leipzigs Auwald

13 Kilometer
5 Höhenmeter
2:45 Stunden
Rundtour

Wie ein grünes Band erstreckt sich der Leipziger Auwald über 35 km von Nordwest nach Süd quer durch die Stadt. Eine ganze Reihe von Flüssen und Kanälen durchzieht das dichte Grün. Wir tauschen den Fahrradlenker gegen ein Paddel ein und erkunden den südlichen Teil des Waldgebietes auf einer Kanutour, die uns bis zum Cospudener See führt.

An die Paddel – und los!

Am 1 / Parkplatz am Wildpark in der Koburger Straße wenden wir uns zu dem in den Wald führenden Weg hin und lassen uns von der Beschilderung zum nur 100 m entfernten Bootsverleih (www.bootsverleih-am-wildpark.com) leiten. Hier verlässt du den festen Grund unter den Füßen und enterst ein Kanu, mit dem du dich von der leichten Strömung der Pleiße flussabwärts nach links treiben lässt. Du schipperst unter der nahen Straßenbrücke hindurch und paddelst dann – unter den gleichgültigen Blicken der Kamele – an der Haustierfarm im Wildpark vorbei. Auch die Hakenbrücke mit markantem roten Geländer bleibt gleich zurück. Jetzt heißt es: Aufgepasst! Denn nur 250 m weiter biegst du weg von der Pleiße und links hinein in den 10 / Batschke-Floßgraben. Die Wasserwegebeschilderung gibt hier die Destinationen Waldsee Lauer und Cospudener See vor. Aber Achtung! Da die Uferzonen des Floßgrabens ein Brutgebiet des geschützten Eisvogels sind, darf der Wasserlauf zwischen 1. März und 30. September nur von 11 bis 13 Uhr, von 15 bis 18 Uhr und von 20 bis 22 Uhr befahren werden. Auch das Anlanden am Ufer des Floßgrabens ist nicht erlaubt.

Im Revier von Eisvogel & Co.

Gleich umfängt uns dämmriges Licht – wir tauchen in dichtes Urwaldgrün ein. Die Leipziger Auwälder wurden früher regelmäßig von Elster, Parthe und Pleiße überflutet. Heute hilft man in einigen

11 1/2

Bereichen des Gebietes kontrolliert nach. Während sich über unseren Köpfen ein schattiges Blätterdach schließt, gedeiht am Ufer ein Blütenmeer. Besonders auffällig (und riechbar) ist der Bärlauchteppich im Frühjahr. Du folgst – bei durchaus spürbarer Gegenströmung – den Mäandern des schmalen Grabens, unterquerst schließlich eine Straße und erreichst die 11 / Lauer. Der Waldsee entstand in den 1970er Jahren aus einer Kiesgrube. Wir paddeln geradewegs über das Gewässer und folgen am jenseitigen Seeende unserem Kanal noch einen halben Kilometer bis zur 12 / Schleuse Cospuden. Wir nutzen die Schleuse oder tragen das Boot um, bevor wir gleich beim Nordstrand die weite Wasserfläche des Cospudener Sees erreichen. Was für ein Blick! Kein Wunder, dass der mehr als 4 km² große See zu den beliebtesten Ausflugszielen der Leipziger zählt. Du steuerst in einem weiten Bogen rechts das Nordwestufer an. Hier kannst du eine Rast einlegen, vielleicht bei der 13 / Strandbar Beachlounge, die mit Holzmöbel in Palettenoptik auf der Terasse am Sandstrand aufwartet. Ein Sprung ins kristallklare Wasser des Sees darf bei gutem Wetter nicht fehlen. Aber auch im Herbst, wenn der Wald in allen Farben leuchtet, lohnt sich die Fahrt auf dem Wasser. Zurück zum Bootsverleih paddelst du dann schließlich auf der gleichen Route.

TOURENINFO / Los gehts am Parkplatz Wildpark in der Koburger Straße. Auf Pleiße und Floßgraben paddeln wir durch die Wildnis des Leipziger Auwalds bis zum Cospudener See. Auf gleichem Weg geht es zurück. Die Strömung kann durchaus spürbar sein. Schwimmwesten tragen, Nutzungszeiten des Floßgrabens beachten und Badesachen nicht vergessen!

---

^ oben / Herbststimmung an der Pleiße

START-ZIEL
KLEINZSCHOCHER
GRÜNAU-SIEDLUNG
Volkspark Kleinzschocher
Elster- und Pleiße-Auewald
B 2
MARIENBRUNN
CONNEWITZ
LÖSSNIG
GROSSZSCHOCHER
Siedlung Florian Geyer
WINDORF
S 46
Lehmlache Lauer
Erholung Lößnig-D
RASCHWITZ
DÖLITZ-DÖSEN
Knautkleeberg
KNAUTKLEEBERG-KNAUTHAIN
MARKKLEEBERG-MITTE
MARKKLEEBERG-WEST
MARKKLEEBERG
Elsterhochflutbett
Weiße Elster
Knauthain
Pleiße
Cospudener See
Markkleeb See
S 75
ZÖBIGKER
Hartmannsdorf
GROSSSTÄDTELN
B 2
KLEINSTÄDTELN
Bösdorfer Luppe
HARTMANNSDORF-KNAUTNAUNDORF
GASCHWITZ
A 38
B 2
Großdeuben
Zwenkauer See
PROBSTDEUBEN
Niedrigwass Rückhalteb Stöhn
Rückhalteb Stöhna
Elsteraue bei Zwenkau
ZWENKAU
Imnitzer Park
KOTZSCHBAR
IMNITZ
B 186
B 2
B 95
Kleindalzig
Imnitzer Lachen
Elster
S 71
BÖHLEN

START / ZIEL
Parkplatz Wildpark in der Koburger Straße
HINKOMMEN
Auto / Parkplatz Wildpark in der Koburger Straße in Leipzig
ÖPNV / Die nächste Straßenbahnhaltestelle der Linien 9,10 und 11 befindet sich am Connewitzer Kreuz. Von hier der Heinze-Straße und der Koburger Straße folgen.
➤ 1 / Parkplatz Wildpark ➤ 2 / agra-Park ➤ 3 / Seepromenade ➤ 4 / Schloss Güldengossa ➤ 5 / Aussichtspunkt Störmthal ➤ 6 / Sandstrand des Störmthaler Sees ➤ 7 / Vineta-Bistro ➤ 8 / Bergbau-Technik-Park ➤ 9 / Rastplatz Markkleeberger See ➤ 10 / Batschke-Floßgraben ➤ 11 / Lauer ➤ 12 / Schleuse Cospuden ➤ 13 / Strandbar Beachlounge
HOLZHAUSEN
PROBSTHEIDA
MEUSDORF
LIEBERTWOLKWITZ
WACHAU
AUENHAIN
Güldengossa
Störmthal
Störmthaler See
Schlumper
Fuchshain
Dreiskau
Dreiskau-Muckern
Muckern
Pötzschau
Oelzschau
Gosel
K 6523
K 7923
K 7901
S 78
S 46
S 38
S 242
K 7925
K 7926
K 7927
S 72
2 km

VOGELPARADIES

Ich habe bei der Tour meist ein Fernglas dabei, das beim Spaziergang durchs vogelreiche Naturschutzgebiet 6 / Haselbacher Teiche zum Einsatz kommt.

➤ **1 /** Vom Parkplatz am Wildpark in Leipzig geht's südwärts

➤ **2 /** Beim Pavillon am See die Idylle des agra-Parks genießen

➤ **3 /** Abkühlung suchen im Freibad Böhlen

➤ **4 /** Ruhe tanken im Röthaer Landschaftspark

➤ **5 /** Wie wär's mit Kaffee und Kuchen in Meißners Eiscafè?

➤ **6 /** Das Naturschutzgebiet bei den Haselbacher Teichen durchstreifen

➤ **7 /** Das altehrwürdige Rittergut in Treben ablichten

➤ **8 /** An der Talsperre Windischleuba die Schwäne füttern

➤ **9 /** Vom Bahnhof Altenburg aus noch die Altstadt erkunden

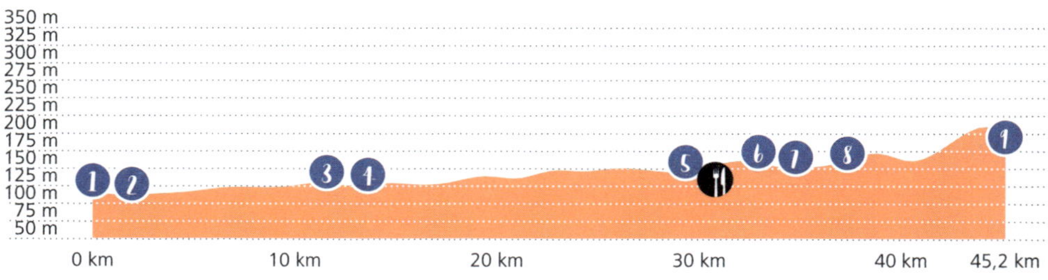

Destination Thüringen

Entlang der Pleiße nach Altenburg

Gleich zu Beginn der Tour genießen wir einen Stopp im agra-Park und radeln dann entlang der Pleiße. Wir kommen am Röthaer Schlosspark vorbei, passieren die sächsisch-thüringische Grenze, spazieren durchs Naturschutzgebiet bei den Haselbacher Teichen und gelangen endlich nach Altenburg.

45 Kilometer
85 Höhenmeter
3:45 Stunden
Streckentour

Zwischenstopp am Weißen Haus

Am 1 / Parkplatz am Wildpark in der Koburger Straße in Leipzig schwingen wir uns in den Sattel, radeln stadtauswärts in Richtung Markkleeberg und nutzen dazu den Radweg neben der Straße. Doch schon nach 500 m (bei der Fernwärmeleitung) biegst du links auf einen asphaltierten Weg ein und folgst nach wenigen Metern dessen Rechtskurve. Gleich surren die Pneus neben der Pleiße über den Asphalt. Wir rollen am Deutschen Fotomuseum vorbei und gelangen gleich zu einer Fußgängerbrücke links über den Fluss. Bevor du diese überquerst, solltest du unbedingt noch einen kurzen Spaziergang durch den rechter Hand liegenden 2 / agra-Park unternehmen. Dessen architektonische Zierde ist das Weiße Haus, das Ende des 19. Jahrhunderts für den

Charakter

Sportlich	●●●●○
Abkühlung	●●●○○
Schlemmen	●●●○○
Panorama	●●●○○

◂ **links / Im Naturschutzgebiet Haselbacher Teiche**

Zeitungsverleger Paul Herfurth erbaut wurde. Die Beschilderung des Pleiße-Radweges leitet uns nun in Richtung Altenburg über die Brücke und unter der Bundesstraße hindurch. Gleich hältst du dich rechts und wechselst nach 250 m wieder unter der B2 hindurch und über den Fluss. Entsprechend der Destination Altenburg radeln wir nun am rechten Pleißeufer. Der Blick fällt hier auf den 1902 erbauten Wasserturm, der die Stadtsilhouette von Markkleeberg dominiert. Die Route verläuft meist auf dem Deich und am Knotenpunkt 01 geradewegs vorbei.

Ab ins Freibad!

Bei Großdeuben fällt das Rittergut mit Torhaus auf. Die barocken Bauten stammen aus dem 18. Jahrhundert und sind heute in privater Hand. Wenig später kannst du am Rastplatz am Pleißewehr pausieren. Bald führt die Tour fahrbahnbegleitend neben der Bundesstraße entlang, schwenkt dann aber beim Ortseingangsschild von Böhlen nahe der Pleißebrücke auf einen Radweg ein, der uns durch den kleinen Park der Stadt führt. Lust auf Abkühlung? Wir radeln direkt am 3 / Freibad vorbei! Durch idyllische Auwiesen wird nahe eines Fußballplatzes beim Böhlener Ortsausgang eine große Vorfahrtsstraße erreicht. Diese querst du schräg nach rechts versetzt zum Berufsschulzentrum hin und nutzt dann gleich die Gauliser Straße. Allerdings lohnt hier auch der kurze Abstecher in den nahen 4 / Röthaer Landschaftspark sehr. Dazu folgst du der Vorfahrtsstraße (Böhlener Straße) knapp 500 m nach links und biegst dann beim Radweiser in den verträumten Schlosspark ein, wo du am malerischen Teich Beine und Seele baumeln lassen kannst. Wir radeln schließlich auf der Gauliser Straße und sind beeindruckt vom Kraftwerk Lippendorf, das als Landmarke alle Blicke auf sich zieht. Täglich werden bis zu 34.000 t Braun-

KATHARINENKIRCHE

Jeden 1. und 3. Samstag im Monat (13–15 Uhr) öffnet die Großdeubener Kirche ihre Pforten. Ein besonderer Schatz ist der Schrein eines spätgotischen Altars.

➤ rechts groß / Die Pleiße bei Markkleeberg ➤ rechts klein / Pavillion am Teich im agra-Park

PER E-BIKE ZUM STRAND

Vom 2 / agra-Park in Markkleeberg können E-Biker einen Abstecher zum Markkleeberger See unternehmen. Vom Weiser an der Mönchereibrücke am Knotenpunkt 22 (direkt am Pleißeradweg) radelst du über Knotenpunkt 06 zum Knotenpunkt 10. An der Seepromenade kannst du dann ins kühle Nass springen.

RUHE TANKEN!

Ein kurzer Abstecher in den verträumten **4 / Röthaer Landschaftspark** lohnt sich sehr! Wunderbar lässt es sich im weichen Gras am Ufer des Teichs pausieren.

kohle verstromt – eine 14 km lange Bandanlage liefert die gigantische Menge aus dem Tagebau Schleenhain an. Die Route verläuft durchs beschauliche Dörfchen Gaulis und aus diesem hinaus. Bei einigen Röhren folgst du der Linkskurve des Asphaltweges und gelangst zum Rastplatz vor der Brücke über die Pleiße, die hier durch dichtes Grün mäandriert. Warum also nicht eine kurze Pause einlegen – schließlich haben wir ja schon einige Kilometer in den Beinen?

RAST BEIM FLUSS

Durchs Braunkohlerevier

Der Asphaltbelag endet, für 100 m folgen wir auf dem Deich einem schmalen Pfad, der aber gleich in einen befestigten Weg übergeht. Dieser leitet zu einer etwas stärker befahrenen Landstraße, wo sich die Route rechts hält. Bereits nach 400 m nutzen wir den Radweg rechts neben der Straße, entfernen uns bald von dieser und queren das Pleißetal auf einer Holzbrücke an einer ausgesprochen idyllischen Stelle. Ein schöner Platz zum Verweilen – die hiesige Bank kommt dafür gerade recht! Wir erreichen Neukie-

ritzsch und die durch den Ort führende Bundesstraße. Noch vor dieser verkehrsreichen Durchgangsstraße schwenkt die Tour links ins Sträßchen Kirschgarten und gelangt wieder zur B 176, der wir nun nach links folgen. Der Radweg links neben der Straße führt uns aus dem Ort, der seit den 1950er Jahren ein wichtiges Zentrum des Braunkohleabbaus war. Viele benachbarte Dörfer fielen den Schaufelradbaggern zum Opfer. Heute entwickelt sich im Neukieritzscher Umland eine mehr und mehr renaturierte und neu gestaltete Landschaft. Nach etwa 1,5 km leitet uns die Beschilderung der Destination Altenburg auf eine Landstraße nach rechts. Auch hier surren die Pneus über einen gut ausgebauten Radweg am Straßenrand. Durch weite Mais- und Rapsfelder erreichen wir Deutzen, wo du die leckeren Eissorten des Cafés testen kannst. Hier weist die Beschilderung nach rechts in die Straße Am Markt. Schon nach wenigen Metern biegt die Route links und verläuft gleich entlang der Pleiße aus dem Ort hinaus.

34.000 t

Unübersehbar stellt das Kraftwerk Lippendorf im Südraum von Leipzig eine Landmarke dar. Die Kohleverstromung hat hier eine lange Tradition – schon 1926 ging ein erster Generator ans Netz. Heute werden bei Volllast 34.000 t Kohle täglich benötigt.

Per pedes durchs Naturschutzgebiet

Uralte, knorrige Weiden säumen hier das Ufer des Flusses. Wir treten in die Pedale und gelangen nach Regis-Breitingen. Du bleibst rechts der Pleiße – allerdings lockt bei der Radlerbrücke unweit des

---

< links / Im Schlosspark Rötha ^ oben / Nahe Deutzen

Stadions der Verweis auf 5 / Meißners Eiscafè ganz in der Nähe. Mit duftendem Kaffee, frischem Kuchen oder einem Eis lässt es sich hier wunderbar pausieren (Bergmannsring 51A). Nach der Radelpause führt uns der Pleißeradweg zur Schillerstraße, schwenkt rechts und verläuft vorbei an Kirche und Gasthof mit urigem Biergarten. Wenige Meter nach letzterem radeln wir auf der Straße des Friedens links weiter. Unmerklich überschreitet unsere Tour die sächsisch-thüringische Grenze und erreicht das nahe Haselbach. In der Mitte des kleinen Ortes hältst du dich beschildert links und stößt gleich auf das Naturschutzgebiet um die 6 / Haselbacher Teiche. Enten, Gänse und Haubentaucher pfeifen und schnattern wild durcheinander. Nimm dir hier ruhig etwas Zeit, steig aus dem Sattel und erkunde auf Pfaden das kleine, malerische Seengebiet. Unser Radweg erreicht dann durch das ländliche Idyll der Pleißeaue 7 / Treben, wo die Beschilderung im Auge behalten werden sollte. Wir passieren hier das schöne Rittergut, hinter dem auch die als Veranstaltungsort genutzte Alte Mälzerei zu finden ist.

Inselzoo

In 9 / Altenburg gibt´s den einzigen Inselzoo Deutschlands. Im Tierpark sind vor allem einheimische Tiere zu Hause. Dank Bootsverleih kannst du auch gemütlich um die Insel schippern.

Endspurt!
Kurvenreich gelangen wir nach Primmelwitz, schwen-

KM 45

Vom 9 / Bahnhof in Altenburg ist ein Abstecher in die Innenstadt ein Muss! Dein Weg führt dich zum nahen Schlosspark mit dem Lindenau-Museum und dem Residenzschloss, das vor allem für seine Spielkartensammlung bekannt ist. Gleich um die Ecke ist auch der schöne Markt mit dem berühmten Skatbrunnen zu finden.

ken beim Weiser am Feld links in Richtung Frohburg ein und überqueren die Staumauer der 8 / Talsperre Windischleuba. Was für ein Blick auf die blitzende Wasseroberfläche und die meist zahlreichen Schwäne, die dort majestätisch ihre Runden ziehen! Die gewohnte Beschilderung Altenburg führt uns durch den Wald und nach Pähnitz, wo die Tour bei Haus Nr. 8 zunächst rechts auf den Dorfring und dann links auf den Dammweg einbiegt. Auf dem Feldweg passieren wir einen von raschelndem Schilf umgebenen Rastplatz und stoßen auf die B 7. An dieser hält sich die Route rechts und orientiert sich nach wenigen Pedaltritten beschildert links hinein nach Windischleuba. Auf der Erich-Mäder-Straße radelst du nun vorbei an der Jugendherberge im historischen Wasserschloss in Richtung Altenburg, wo dich fahrbahnbegleitende Radwege zum 9 / Bahnhof Altenburg führen.

TOURENINFO / Die Tour verläuft meist auf Radwegen, abschnittsweise auch auf Landstraßen. Stärkerer Verkehr bei Ortspassagen. Badesachen einpacken.

< links / Das Rittergut in Treben ^ oben / Schloss Windischleuba – als Jugendherberge genutzt

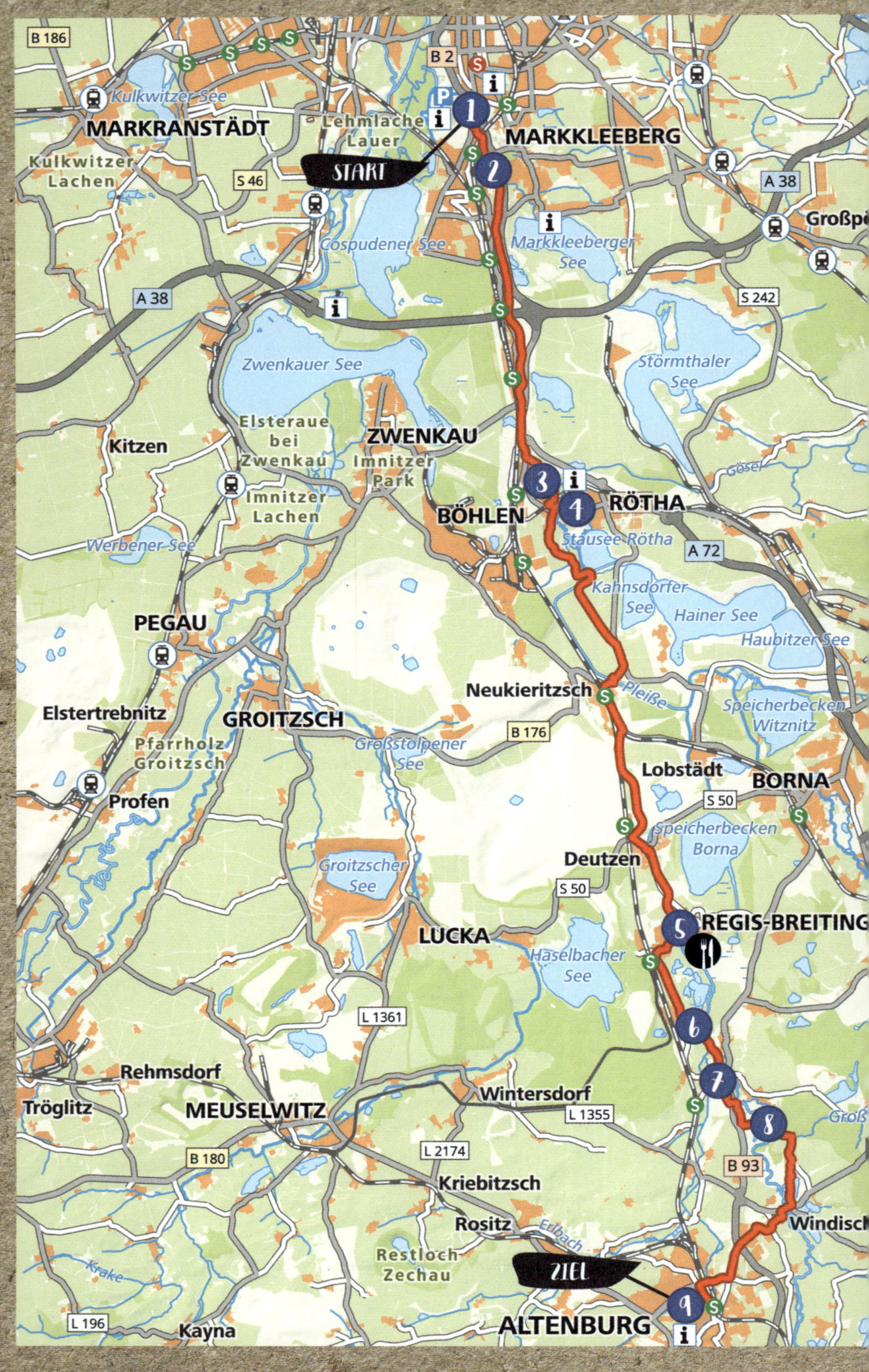

START
ZIEL
MARKRANSTÄDT
MARKKLEEBERG
ZWENKAU
BÖHLEN
RÖTHA
PEGAU
GROITZSCH
BORNA
REGIS-BREITING
LUCKA
MEUSELWITZ
ALTENBURG
Kulkwitzer See
Kulkwitzer Lachen
Lehmlache Lauer
Cospudener See
Markkleeberger See
Zwenkauer See
Störmthaler See
Elsteraue bei Zwenkau
Imnitzer Park
Imnitzer Lachen
Kitzen
Werbener See
Stausee Rötha
Kahnsdorfer See
Hainer See
Haubitzer See
Neukieritzsch
Pleiße
Speicherbecken Witznitz
Elstertrebnitz
Pfarrholz Groitzsch
Großstolpener See
Lobstädt
Profen
Speicherbecken Borna
Deutzen
Groitzscher See
Haselbacher See
Rehmsdorf
Tröglitz
Wintersdorf
Kriebitzsch
Rositz
Erlbach
Restloch Zechau
Krake
Kayna
Windisch
Gösel
Großp
B 186
B 2
S 46
A 38
S 242
A 72
B 176
S 50
L 1361
L 1355
L 2174
B 180
B 93
L 196

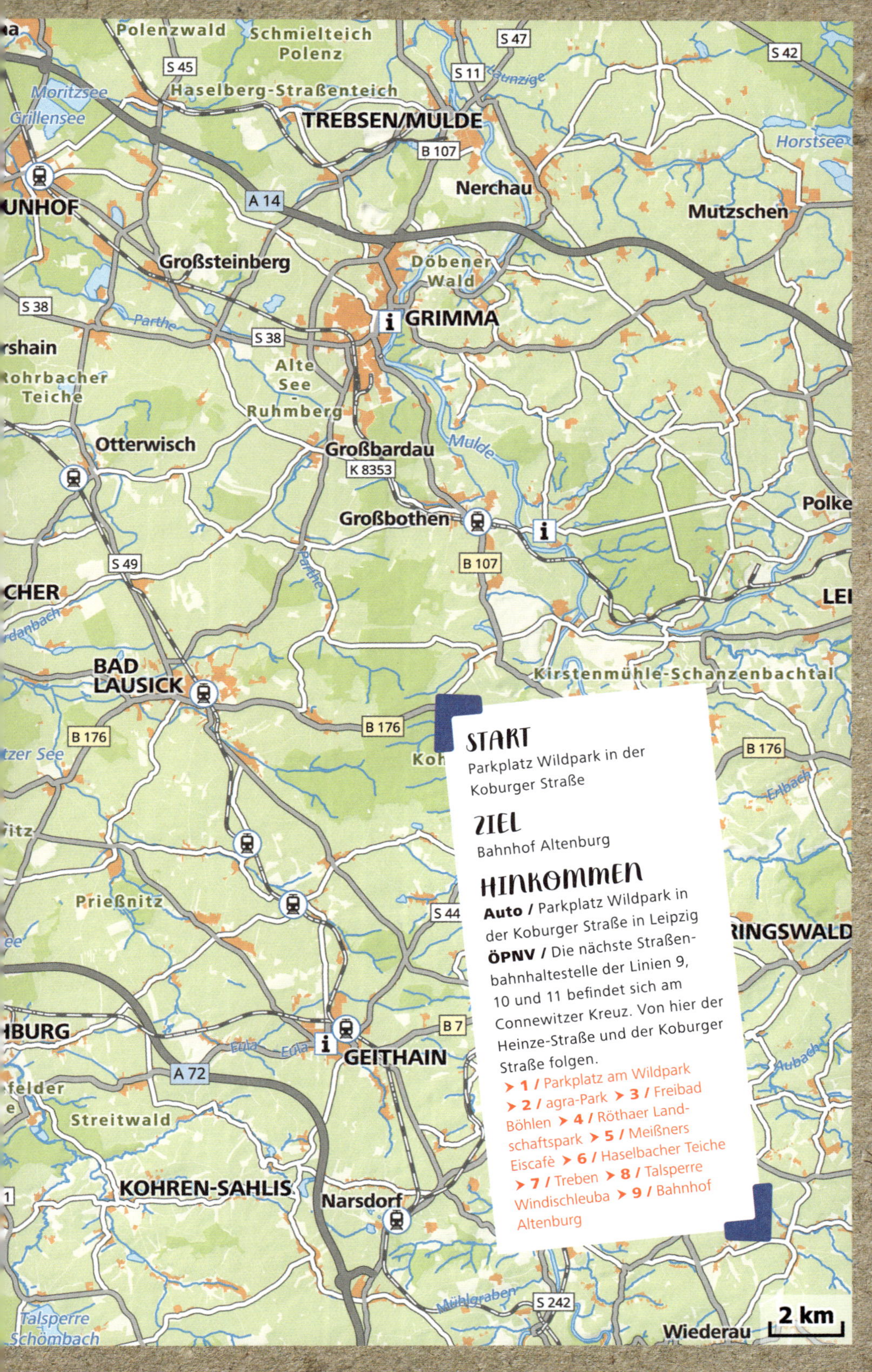

START

Parkplatz Wildpark in der Koburger Straße

ZIEL

Bahnhof Altenburg

HINKOMMEN

Auto / Parkplatz Wildpark in der Koburger Straße in Leipzig
ÖPNV / Die nächste Straßenbahnhaltestelle der Linien 9, 10 und 11 befindet sich am Connewitzer Kreuz. Von hier der Heinze-Straße und der Koburger Straße folgen.

➤ **1 /** Parkplatz am Wildpark ➤ **2 /** agra-Park ➤ **3 /** Freibad Böhlen ➤ **4 /** Röthaer Landschaftspark ➤ **5 /** Meißners Eiscafé ➤ **6 /** Haselbacher Teiche ➤ **7 /** Treben ➤ **8 /** Talsperre Windischleuba ➤ **9 /** Bahnhof Altenburg

SCHIFF AHOI!

Ich leihe mir immer wieder gern ein Kajak beim Bootsverleih am Kulkwitzer See aus und drehe eine entspannte Runde über den See.

➤ 1 / Am S-Bahnhof Miltitzer Allee beginnt und endet die Rundtour

➤ 2 / Wie wär's mit einer Abkühlung am Sandstrand des Kulkwitzer Sees?

➤ 3 / Den Seeblick von der Terrasse des Roten Hauses genießen

➤ 4 / Im Frühjahr klappert es fleißig – das Seebenischer Storchenpaar

➤ 5 / Im Töpferhof Schkölen der Töpferin über die Schulter schauen

➤ 6 / Mit einem Eis im Park des Schlosses Lützen pausieren

➤ 7 / Die Wehrkirche von Meuchen erkunden

➤ 8 / In Schkeitbar eine Rast im urigen Gasthof einlegen

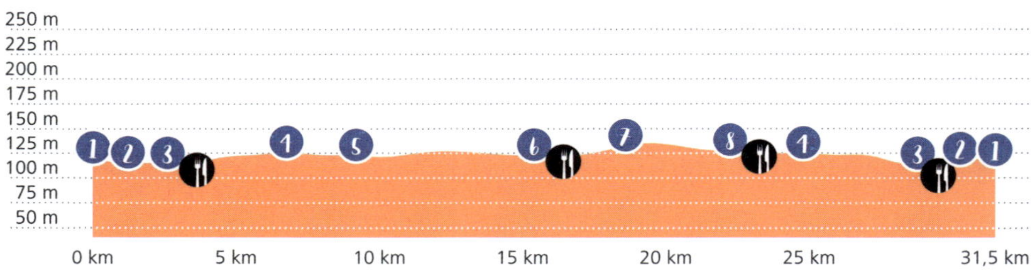

Tauchereldorado & Schlachtengetümmel

Vom Kulkwitzer See zum Renaissanceschloss von Lützen

Kaum sind wir in den Sattel gestiegen, erwartet uns mit dem glasklaren Kulkwitzer See ein erstes Highlight. Wer mag, kann hier schon einmal ins Wasser springen. Weite Wiesen und Felder begleiten uns dann zum Lützner Schloss. Durch urige Dörfer radeln wir schließlich zurück zum „Kulki".

32 Kilometer
10 Höhenmeter
2:30 Stunden
Rundtour

Charakter
Sportlich ●●○○○
Abkühlung ●●●●●
Schlemmen ●●●●○
Panorama ●●●○○

Zum Strand!

Vom Bahnsteig des 1 / S-Bahnhofs Miltitzer Allee nutzen wir die Fußgängerüberführung über die Gleise, halten uns auf dieser rechts und orientieren uns zur verkehrsreichen Lützner Straße hin. Wir überschreiten diese an der Ampel und radeln fahrbahnbegleitend nach links. Schon an der nächsten Ampel wird die Bundesstraße erneut gequert, danach geht es an dieser Kreuzung auch über die Straße am See hinweg. Die Radwegbeschilderung leitet uns nun in Richtung Kulkwitzer See. Gleich erreichst du dessen Ufer bei einem auf dem Trockenen liegenden ehemaligen Elb-Saale-Lastkahn. Die ausrangierte MS Frieda wird heute als Eventlocation genutzt. Du radelst auf der Uferpromenade nach links und kommst gleich an einem 2 / Sandstrand vorbei – die ideale

‹ links / Ab ins glasklare Wasser des Kulkwitzer Sees!

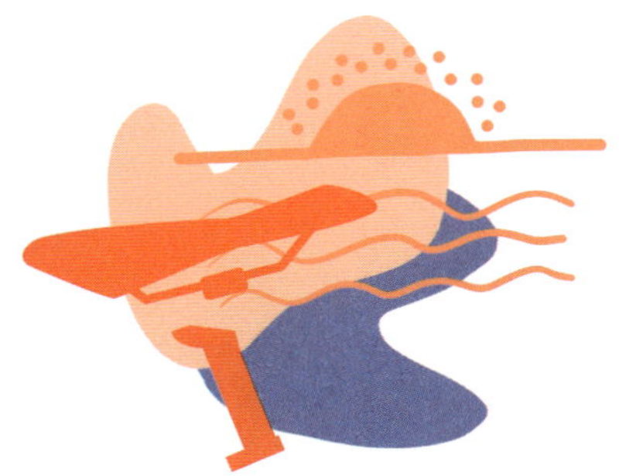

Gelegenheit für eine Erfrischung gleich zu Beginn der Tour. Der „Kulki" entstand bereits 1973 aus der Flutung zweier Tagebaurestlöcher und ist damit der „dienstälteste" See im Leipziger Neuseenland. Er zählt dank seines glasklaren Wassers und der eindrucksvollen Unterwasserflora und -fauna zu den beliebtesten deutschen Tauchgewässern. Vor dem Gelände des Campingplatzes halten wir uns links, umrunden diesen und nutzen dann stets den ufernahen Weg. Vorbei an einem Bootsverleih und einigen Liegewiesen rollend stoßen wir schließlich auf das 3 / Rote Haus direkt am Wasser. Entsprechend schön ist der Seeblick von der Terrasse der einstigen Elektro-Schaltzentrale des Tagebaus – herrlich kannst du hier Sonne und Panorama genießen (www.rotes-haus-leipzig.de).

Fernglas ausgepackt zur Vogelbeobachtung!

Bald sind wir auf etwas holprigerem Untergrund unterwegs. Die Route verläuft stets unweit des Seeufers und erreicht kurz vor dem Südzipfel des Sees einen Weiser, der uns nach links in Richtung Göhrenz und Weißenfels leitet. Bereits nach 50 m halten wir uns entsprechend dieser Destination rechts. Wir radeln nun auf dem Bahndamm der 1998 stillgelegten Strecke Leipzig-Plagwitz–Lützen–Pörsten und nutzen damit den Elster-Saale-Radweg. Du querst eine Straße, lässt dich nun von der Beschilderung Seebenisch leiten und genießt den Schatten des schütteren Baumbestandes am Wege. An einer Ampel wird die Bundesstraße überquert. Die Tour tangiert nun das Naturschutzgebiet der Kulkwitzer Lachen, das seit 1993 vom NABU Sachsen bewirtschaftet wird. Die an den Radweg grenzenden Wiesen werden durch Schottische Hochlandrinder und Leineschafe beweidet, die ein Verbuschen der Flächen verhindern sollen. Mit Glück kannst du hier auch seltene Großvögel wie Schwarzstorch oder Rohrdommel entdecken.

FERNGLAS EINPACKEN!

Auf den Wiesen beim Naturschutzgebiet Kulkwitzer Lachen bekommt man häufig seltene Großvögel – manchmal sogar Schwarzstörche – zu Gesicht!

➤ rechts groß / Blick über den Kulkwitzer See ➤ rechts klein / Tauchparadies Kulkwitzer See mit einer der besten Sichttiefen in Deutschland

SUNDOWNER MIT SEEBLICK

Besser kann eine Tour nicht enden! Von der Seeterrasse des 3 / Roten Hauses blickst du über deinen Sundowner und den „Kulki" hinweg auf die untergehende Sonne.

Unterwasser-Paradies

Beeindruckend große Krebse und bis zu 2 m lange Welse verwandeln den Kulkwitzer See in ein Tauchparadies. Auch die Sichttiefen gehören zu den besten in deutschen Gewässern.

Es klappert der Storch

Also – Augen auf! Beständiger zu beobachten ist das 4 / Seebenischer Storchenpaar, das auf einem Gebäude am Dorfeingang mit schöner Regelmäßigkeit seinen Horst bezieht. Du querst gleich die Durchgangsstraße von Seebenisch gerade, genauso wie das Landsträßchen zwischen Räpitz und Schkölen. Hier solltest du jedoch kurz innehalten und dich auf den aktuellen Wochentag besinnen – von Donnerstag bis Samstag kann in Schkölen der 5 / Töpferhof von Ulrike Rost besucht werden. Dafür radelst du rechts nach Schkölen hinein und folgst dem Hauptstraßenverlauf bis zum Töpferhof in der Hunnenstraße 36. In der Werkstatt kann man der Töpferin bei der Arbeit über die Schulter schauen oder im Laden eine Auswahl unter den schönen Keramikprodukten treffen (Do, Fr 15–20, Sa 10–14 Uhr, Hunnenstr. 36, 04420 Schkölen, www.toepferhof-rost.de).

Ein Eis im Schlosspark

Wir kehren schließlich zum Radweg zurück und folgen dem ehemaligen Bahndamm in Richtung Weißenfels auch über die Dorf-

straße von Meuchen hinweg. Endlich gelangt die Tour nahe des Ortsausgangs von Lützen zu einer Stoppstraße und wendet sich nach rechts. Wir orientieren uns zum eindrucksvollen und im Stil der Renaissance errichteten 6 / Schloss mit seinem idyllischen Park hin. Im Sommer sind in diesem die Liegestühle der Eisdiele Eisbär (www.eiscafeeisbaer.de) gegenüber aufgestellt – mit einem leckeren, selbstgemachten Eis in der Hand kannst du es dir herrlich bequem machen. Softeis aus der Maschine ist übrigens auch zu haben! Zudem lädt das Lützner Schloss zu einer kleinen Museumstour ein. Thematisiert werden vor allem die bedeutenden Schlachten im Dreißigjährigen Krieg und während der Befreiungskriege gegen Napoleon, die vor den Toren Lützens europäische Geschichte schrieben. In der Ausstellung wird das Schlachtengetümmel durch Großdioramen mit fast 10.000 Zinnfiguren detailliert nachgestellt (www.stadt-luetzen.de). Am Lützner Markt – unserm nächsten Stopp – verweist auch die Skulptur des schwedischen Königs Gustav II. Adolf am Rathaus auf die Wirren des Dreißigjährigen Krieges. Der Monarch fiel 1632 nahe der Stadt.

KM 15.

Nach einem leckeren Softeis im Park des 6 / Lützner Schlosses solltest du dir den Abstecher ins Museum im Inneren des Renaissancebaus nicht entgehen lassen. Vor den Toren der Stadt haben sich in der Vergangenheit gleich mehrere Schlachten ereignet, deren Getümmel in Dioramen durch fast 10.000 Zinnfiguren detailliert nachgestellt wird.

< links / Am Wege bei Lützen ^ oben / Das Rathaus am Markt von Lützen

Wehrkirche mit Historie

Wir verlassen den Markt bei Haus Nr. 5 auf der schmalen Uhlandstraße, biegen gleich rechts und sofort wieder links in die Dr.-Voigt-Straße ein. Diese leitet uns aus Lützen hinaus und auf einer schönen Allee bis nach 7 / Meuchen. Im Dorf queren wir unseren bereits bekannten Bahndamm-Radweg und schwenken erst bei einem kleinen Park links in die Straße Richtung Schkeitbar ein. Am Wege beeindruckt gleich die Gustav-Adolf-Gedächtniskirche – nach der Schlacht von Lützen wurde der Körper des schwedischen Königs in dem Bauwerk aufgebahrt. Der dazu dienende Tisch ist noch heute vorhanden. Nimm dir hier ruhig etwas Zeit für eine Rast, auf der du der Atmosphäre mit Gänsehautpotenzial nachspüren kannst. Die trutzige Wehrkirche geht übrigens auf die Zeit um 1200 zurück, auch die Reste eines romanischen Taufsteins im Inneren stammen aus dieser Epoche.

Seeumrundung

E-Biker können sich auch locker an die 8 km lange Umrundung des Kulkwitzer Sees machen. Im Pappelwald am südwestlichen Ufer sind die Wege zwar etwas weniger gut ausgebaut, dafür hat sich dort auf Freiflächen ein großes Orchideenvorkommen entwickelt.

Zurück zum Kulkwitzer See

Du schwingst dich wieder aufs Rad, lässt dich vom kurvigen Hauptstraßenverlauf aus Meuchen hinausleiten und rollst nun durch das winzige Meyhen bis nach 8 / Schkeitbar, wo du im Ort

Nur wenige Meter nördlich des ausgedienten Lastkahns MS Frieda stößt du auf eine besondere Attraktion: Wer mag, kann sich hier an einer Wasserskiliftanlage ausprobieren – von einer Seilwinde wird man über den See gezogen. Nervenkitzel inklusive. Ganz risikofrei kannst du aber auch einen Kaffee auf der Seeterrasse bestellen.

der Räpitzer Straße nach rechts folgst. Vielleicht magst du ja auch den Schlenker zur hiesigen Kirche unternehmen? Diese bezaubert – wenn offen – Besucher mit einer prachtvollen barocken Innengestaltung. Die Orgel aus dem 18. Jahrhundert stammt aus der Werkstatt von Johann Gottfried Krug aus Merseburg und kostete so viel wie der Rohbau der gesamten Kirche. Die Räpitzer Straße führt dich nun gleich zum urigen Gasthof Zum Grünen Baum – wunderbar kannst du hier im Freisitz pausieren und dich von der guten Küche verwöhnen lassen (Räpitzer Str. 35, Tel. 034444/20498). Wenige Meter weiter hältst du dich links und radelst auf dem Kulkwitzer Weg in Richtung Kulkwitz. Das schmale Landsträßchen bringt uns nach 4 / Seebenisch, wo wir wieder auf den Elster-Saale-Radweg einbiegen. Auf bekannter Route geht es nun zurück zum Kulkwitzer See, nochals am 3 / Roten Haus vorbei und anschließend zum 2 / Sandstrand wo eine Abkühlung im kristallklaren Wasser lockt.

TOURENINFO / Die Tour verläuft auf Radwegen und kleineren Landstraßen. Im Stadtgebiet von Lützen etwas stärkerer Verkehr. Badesachen nicht vergessen.

< links / Am Kulkwitzer See ^ oben / Die Gustav-Adolf-Gedächtniskirche – eine romanische Wehrkirche

Witzschersdorf
Kötzschau
L 186
A 9
ALTRANSTÄDT
K 7963
L 186
GROSSLEHNA
S 77
S 77
KLEINLEHNA
Rampitz
Der Bach
Der Bach
Die Renne
K 2179
Thalschütz
K 7963
Nempitz
A 9
DÖHLEN
START / ZIEL
S-Bahnhof Miltitzer Allee
HINKOMMEN
Auto / Parkplatz beim S-Bahnhof ÖPNV / S-Bahnlinie S1
➤ 1 / S-Bahnhof Miltitzer Allee ➤ 2 / Sandstrand des Kulkwitzer Sees ➤ 3 / Rotes Haus ➤ 4 / Seebenischer Storchenpaar ➤ 5 / Töpferhof Schkölen ➤ 6 / Schloss Lützen ➤ 7 / Meuchen ➤ 8 / Schkeitbar
Zöllschen
L 184
LÜTZEN
6
K 2189
B 87
L 184
Meuchen
7
K 2189

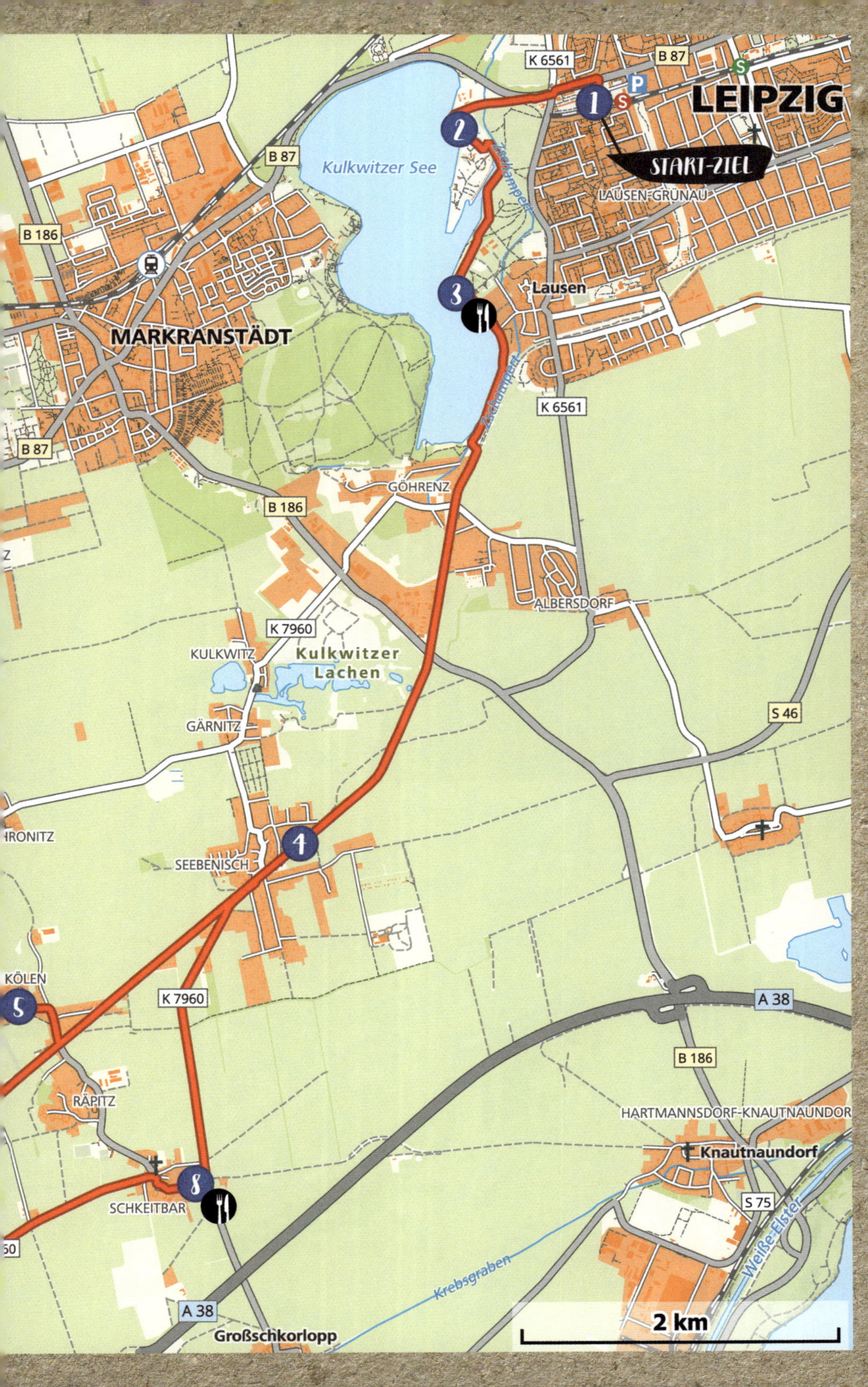

LEIPZIG
START-ZIEL
K 6561
B 87
Kulkwitzer See
LAUSEN-GRÜNAU
Lausen
Zschampert
B 186
MARKRANSTÄDT
GÖHRENZ
ALBERSDORF
K 7960
KULKWITZ
Kulkwitzer Lachen
GÄRNITZ
S 46
SEEBENISCH
KÖLEN
K 7960
A 38
B 186
RÄPITZ
HARTMANNSDORF-KNAUTNAUNDOR
Knautnaundorf
SCHKEITBAR
S 75
Weiße Elster
Krebsgraben
Großschkorlopp
2 km

URIGES IDYLL

Ich lege immer einen Stopp in der urigen Gaststätte an der 7 / Oeblitzschleuse ein – genau der richtige Ort um abzuschalten und den Alltag hinter sich zu lassen.

➤ **1 /** Aufsatteln beim Bahnhof Bad Dürrenberg

➤ **2 /** Über 200 m tief ist der Schacht unter dem Borlachturm

➤ **3 /** Pausieren beim altehrwürdigen Gemäuer einer Kirchruine bei Schkortleben

➤ **4 /** Entscheidung gefragt im Weindorf Kriechau: Straußwirtschaft oder Hofcafé?

➤ **5 /** Erst ein Eis am Markt von Weißenfels und dann hinauf zum Residenzschloss!

➤ **6 /** Den Premiumblick vom Gasthaus Bootshaus genießen

➤ **7 /** Entspannung pur mit Saaleblick – eine Rast an der Oeblitzschleuse

➤ **8 /** An der Saale hellem Strande, stehen Burgen stolz und kühn: Burg Schönburg

➤ **9 /** Das beste zum Schluss: der Dom St. Peter und Paul in Naumburg

➤ **10 /** Absatteln beim Naumburger Bahnhof

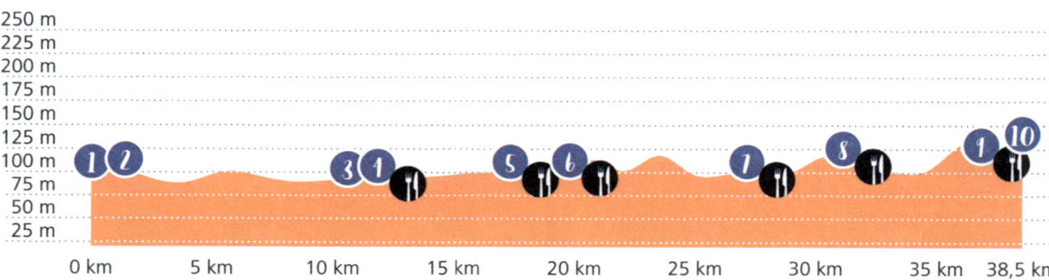

An der Saale hellem Strande

Von der Solestadt Bad Dürrenberg zum Naumburger Dom

In Bad Dürrenberg stoßen wir auf das Ufer der Saale und radeln stets nahe des Flusses durch die liebliche Auenlandschaft. Weinberge, die Residenzstadt Weißenfels und mittelalterliche Burgen säumen unseren Weg. Am Ziel erwartet uns mit dem Naumburger Dom noch ein architektonisches Feuerwerk.

39 Kilometer
105 Höhenmeter
3:15 Stunden
Streckentour

Charakter

Sportlich ●●●●○
Abkühlung ●●○○○
Schlemmen ●●●●●
Panorama ●●●○○

Bauwerk der Superlative

Vom Parkplatz beim 1 / Bahnhof Bad Dürrenberg leitet uns die Bahnhofstraße in Richtung Gradierwerk und Kurpark. Den großen Kreisverkehr bei der Anfang der 1930er Jahre errichteten katholischen Kirche St. Bonifatius überqueren wir zur Hauptstraße hin, der wir bis zum Rathaus folgen. Überrascht stehen wir hier vor dem riesigen Gradierwerk. Schon dessen Höhe ist mit 12 m imposant, richtig beeindruckend aber ist die Länge des Baus: Die 636 m machen es zur längsten zusammenhängenden Gradieranlage in Deutschland. Du tunnelst das Bauwerk und kommst gleich beim hoch aufragenden 2 / Borlachturm zum Halten. Errichtet wurde das Gebäude durch Johann Gottfried Borlach im Jahre 1763.

< links / Borlachturm und Wasserkraftwerk an der Saale in Bad Dürrenberg

Es erhebt sich über einem 223 m tiefen Schacht, durch den Sole für die Salzgewinnung gefördert wurde. Dieser Prozess ist auch Thema der Ausstellung im Turmbau. Nimm dir hier ruhig die Zeit für einen kurzen Rundgang. Vom Borlachplatz leitet dich dann das Sträßchen Apothekerberg abwärts. Gleich schwenkst du in die Fährstraße ein, wo du auf die Kennzeichnung des Saale-Radweges triffst. Deren blauer Balken wird die Route nun bis zum Ziel begleiten. Bei einer Wehranlage erreichen wir die Saale, wo uns die Weiser die Destination Weißenfels vorgeben. Malerisch verläuft die Tour nun an der Saale entlang, wobei zunächst das dichte Blätterdach des Auwaldes wohltuenden Schatten spendet. Beim Radeln entlang der gemächlich strömenden Saale wirst du hier von einem vielstimmigen Vogelkonzert begleitet.

Genussradeln am Weinberg

Vor der kleinen Siedlung Vesta wenden wir uns vom Fluss ab und rollen durch das in ländlicher Idylle gelegene Haufendorf. Die Weiser des Radweges leiten dich bald ins nahe Kleinkorbetha, wo du am Fuß des wuchtigen Kirchturms rechts einbiegst und den Fluss überquerst. Gleich nach der Brücke schwenkst du links und folgst der Route durch die von Wiesen und Weiden geprägte Saaleniederung. Bald lädt ein Rastplatz zum Verschnaufen ein – dein Blick schweift über die offene Landschaft und bleibt vielleicht an einer der Schafherden haften, die hier häufig anzutreffen sind. Wir lassen schließlich die 860 m lange Saaletalbrücke der A 38 hinter uns und gelangen nach Schkortleben, wo es wenige Meter abseits eine 3 / Kirchruine zu entdecken gilt: Die Mauerreste der 1580 erstmals erwähnten Wehrkirche sind am Radweg ausgewiesen. Neben dem alten Gemäuer kann man es sich auf Bänken bequem machen. Im nahen 4 / Weindorf Kriechau erwarten

QUAL DER WAHL

Im 4 / Weindorf Kriechau musst du dich entscheiden: Hofcafé oder Straußwirtschaft? Zum Glück ist beides eine perfekte Wahl!

➤ rechts groß / Der Borlachturm in Bad Dürrenberg ➤ rechts klein / Kirchruine bei Schkortleben

KM 2

19 lange Jahre arbeiteten Bergleute am Schacht unterhalb des 2 / Borlachturms – dann stießen sie 1763 in einer Tiefe von 223 m auf stark salzhaltige Sole. Johann Gottfried Borlach hatte Recht behalten und ließ auch das Gradierwerk errichten. Die über 600 m Anlage diente mit ihren Reisigwänden der Reinigung und Konzentration der Sole.

Weissenfels kompakt

Jeden Samstag Vormittag gibt ein geführter Spaziergang durch **5 / Weißenfels** spannende Geschichten aus der Stadthistorie preis: www.weissenfels.de.

Hofcafé oder Weingut?

dich gleich mehrere kulinarische Verführungen, denn hier laden Hofmanns Hofcafé (www.hofmanns-hofcafe.de) und die Straußwirtschaft des Weinguts Gaudig (www.weinhaus-gaudig.de) zum Verweilen ein. Leckere selbst gebackene Kuchen und Torten sowie urgemütliches Flair locken hier wie da – was die Entscheidung nicht leichter macht. Der Weinanbau hat auch im Nachbardorf Burgwerben eine lange Tradition – über 1,5 km begleiten die Rebhänge des Herzogbergs unsere Route. Schon seit mehr als 800 Jahren wird hier der edle Tropfen kultiviert.

Boxenstopp in einer Residenzstadt

Bald kündigt das weithin sichtbare Schloss Neu-Augustusburg die ehemalige Residenzstadt Weißenfels an. Beim Bahnhof überqueren wir auf der Pfennigbrücke die Saale und lassen uns zunächst von der Beschilderung für eine Stippvisite zum 5 / Markt von Wei-

ßenfels leiten. Angesichts des schmucken Rathauses und der Stadtkirche St. Marien kannst du gemütlich ein Eis probieren. Den Aufstieg zum Schloss nimmst du am besten zu Fuß in Angriff. Von der Großen Burgstraße führen unweit des Marktes Treppen hinauf zur einstigen Residenz der Wettiner von Sachsen-Weißenfels. Heute residieren hier das Stadt- und ein Schuhmuseum. Wir kehren zur Saalebrücke zurück und orientieren uns nun an der Destination Naumburg. Die Route verläuft gut beschildert in der Nähe des Flusses, unterquert die Bahnstrecke und führt an der 1794 erbauten Beuditzschleuse vorüber. Ganz in der Nähe kannst du wunderbar auf der Terrasse des 6 / Gasthauses Bootshaus mit einem Premiumblick über die Saale pausieren (www.bootshaus-weissenfels.com). Nochmals kreuzt die Tour die Bahnlinie und führt danach durch ein Wohngebiet. Hier sollten die Weiser gut im Auge behalten werden! Erneut überschreitest du eine – diesmal eingleisige – Eisenbahnstrecke und hältst dich 300 m weiter an einem Unterstand scharf rechts. Auwiesen und schattige Laubwälder begleiten nun unseren Radweg. Du radelst schließlich an einem Altarm der Saale entlang, erreichst den Ortsrand von Leißling und biegst hier undeutlich gekennzeichnet ins Sträßchen Am Waldbad ein. Beim Bahnhof geht es wieder einmal über die Bahnstrecke hinweg.

32 m

Die 8 / Feste Schönburg vor den Toren von Naumburg wurde um 1130 als Bischofsburg errichtet. Spektakulär thront sie auf einem Sandsteinfelsen über dem Saaletal. Entsprechend grandios ist das Panorama vom 32 m hohen besteigbaren Bergfried.

< links / Am Markt von Weißenfels ^ oben / Die Saale Im Herbst

Mittelalterperlen

Die Pneus surren durch die Weiden und Felder der Saaleniederung. Jenseits des Flusses dominiert die beeindruckende Silhouette des Schlosses Goseck die Szenerie, dessen Vorgängerbauten bereits im 9. Jahrhundert aktenkundig wurden. Den besten Blick auf das Bauwerk kannst du unmittelbar gegenüber vom Ufer aus genießen – ein guter Moment um innezuhalten und das tolle Panorama aufzusaugen. Innehalten solltest du auch wenig später an der 7 / Oeblitzschleuse aus dem 18. Jahrhundert. Zu dieser Zeit durften hier Lastkähne bis zu einer Länge von 47 m passieren, heute dient die Anlage vor allem der Wassertouristik. Nur 100 m entfernt kann eine urige Gaststätte mit grandioser Lage direkt am Wasser punkten – hier solltest du dir eine Rast nicht entgehen lassen! Am Ufer rollen wir schließlich nach Schönburg weiter, wo dich das nächste „Muss" erwartet: Stolz und kühn thront die 8 / Feste Schönburg über der Saale. Der kurze und recht steile Anstieg hinauf zur Burg auf einem 40 m hohen Sandsteinfelsen lohnt nicht nur wegen des spektakulären Blickes auf Ortskern und Flusstal – oben hat auch die Burgschänke ihre Pforten geöffnet. Gestärkt kehren wir zum Radweg am Saaleufer zurück und ra-

Töpferware vom Feinsten

Im Kalender sollte man sich den Samstag des letzten Augustwochenendes dick anstreichen. Dann findet in Naumburg ein großer Töpfermarkt statt.

KM 37

Der 9 / Naumburger Dom zählt zu den bedeutendsten Bauten des Hochmittelalters – eine echte architektonische Perle also, für die Zeit eingeplant werden sollte. Imponierend in ihrem Detailreichtum sind die beiden Lettner, vor allem aber auch die 12 Stifterfiguren im Westchor. Unter ihnen gilt Uta als „schönste Frau des Mittelalters".

deln nun bis zum Ortseingang von Naumburg. Hier biegst du weg vom Saale-Radweg und orientierst dich nun an der Beschilderung zum Dom St. Peter und Paul. Du folgst der Badstraße und der Grochlitzer Straße. Letztere stößt auf den Curt-Becker-Platz beim Marienring. Du querst diesen zur Jakobsstraße hin, die dich zum Markt leitet. Genießen lässt sich dessen Flair am besten vom Freisitz das Cafés Kanzlei aus. Dann zieht es uns weiter – schließlich wartet noch das berühmteste Bauwerk Naumburgs auf uns: Über Herrenstraße und Steinweg gelangen wir endlich zum gewaltigen 9 / Dom St. Peter und Paul. Seit dem 13. Jahrhundert prägt er in seiner heutigen Gestalt das Stadtbild. Berühmt sind vor allem die zwölf Stifterfiguren im Westchor – die solltest du auf keinen Fall verpassen! Schließlich bleibt dir nur noch der Weg über Georgen-, Berg- und Bahnhofstraße zum 11 / Naumburger Bahnhof.

TOURENINFO / Die Tour verläuft auf Radwegen und kleinen Landstraßen. Nur in Naumburg ist mit stärkerem Verkehr zu rechnen.

< links / Dom St. Peter und Paul in Naumburg ^ oben / Schloss Goseck thront über der Saale

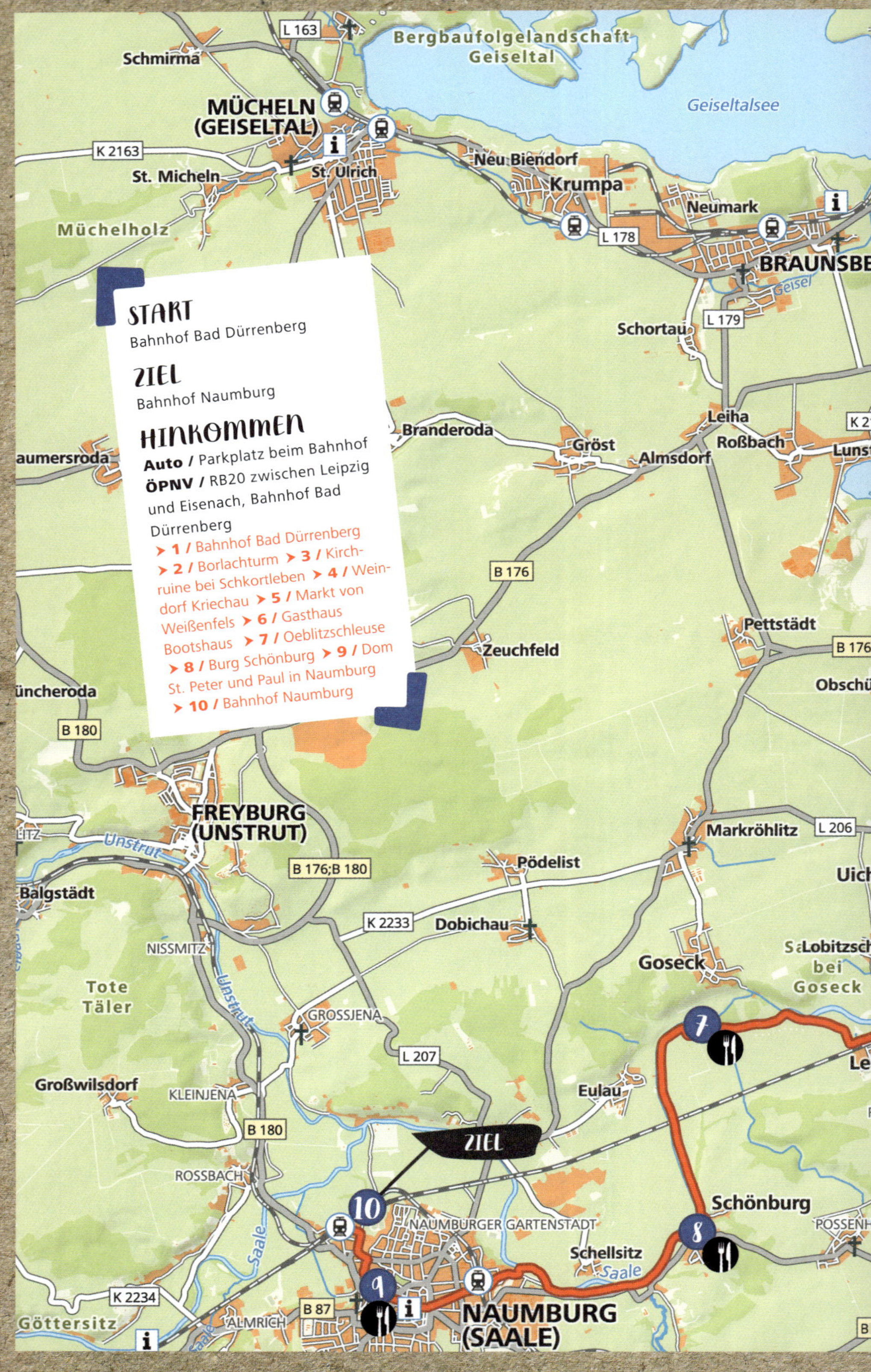
START
Bahnhof Bad Dürrenberg
ZIEL
Bahnhof Naumburg
HINKOMMEN
Auto / Parkplatz beim Bahnhof
ÖPNV / RB20 zwischen Leipzig und Eisenach, Bahnhof Bad Dürrenberg
➤ 1 / Bahnhof Bad Dürrenberg ➤ 3 / Kirch-
➤ 2 / Borlachturm ➤ 3 / Kirchruine bei Schkortleben ➤ 4 / Weindorf Kriechau ➤ 5 / Markt von Weißenfels ➤ 6 / Gasthaus Bootshaus ➤ 7 / Oeblitzschleuse ➤ 8 / Burg Schönburg ➤ 9 / Dom St. Peter und Paul in Naumburg ➤ 10 / Bahnhof Naumburg
Bergbaufolgelandschaft Geiseltal
Geiseltalsee
L 163
Schmirma
MÜCHELN (GEISELTAL)
K 2163
St. Micheln
St. Ulrich
Neu Biendorf
Krumpa
Neumark
L 178
BRAUNSBE
Müchelholz
Geisel
Schortau
L 179
Leiha
Roßbach
K 2
Branderoda
Gröst
Almsdorf
Lunst
aumersroda
B 176
Pettstädt
B 176
Zeuchfeld
Obschü
üncheroda
B 180
FREYBURG (UNSTRUT)
Unstrut
B 176;B 180
Markröhlitz
L 206
Pödelist
Uich
Balgstädt
K 2233
Dobichau
NISSMITZ
Goseck
Lobitzsch bei Goseck
Tote Täler
Unstrut
GROSSJENA
L 207
Großwilsdorf
KLEINJENA
Eulau
Le
B 180
ZIEL
ROSSBACH
10
Schönburg
NAUMBURGER GARTENSTADT
Saale
Schellsitz
Saale
POSSENH
K 2234
B 87
Göttersitz
ALMRICH
NAUMBURG (SAALE)
7
8
9

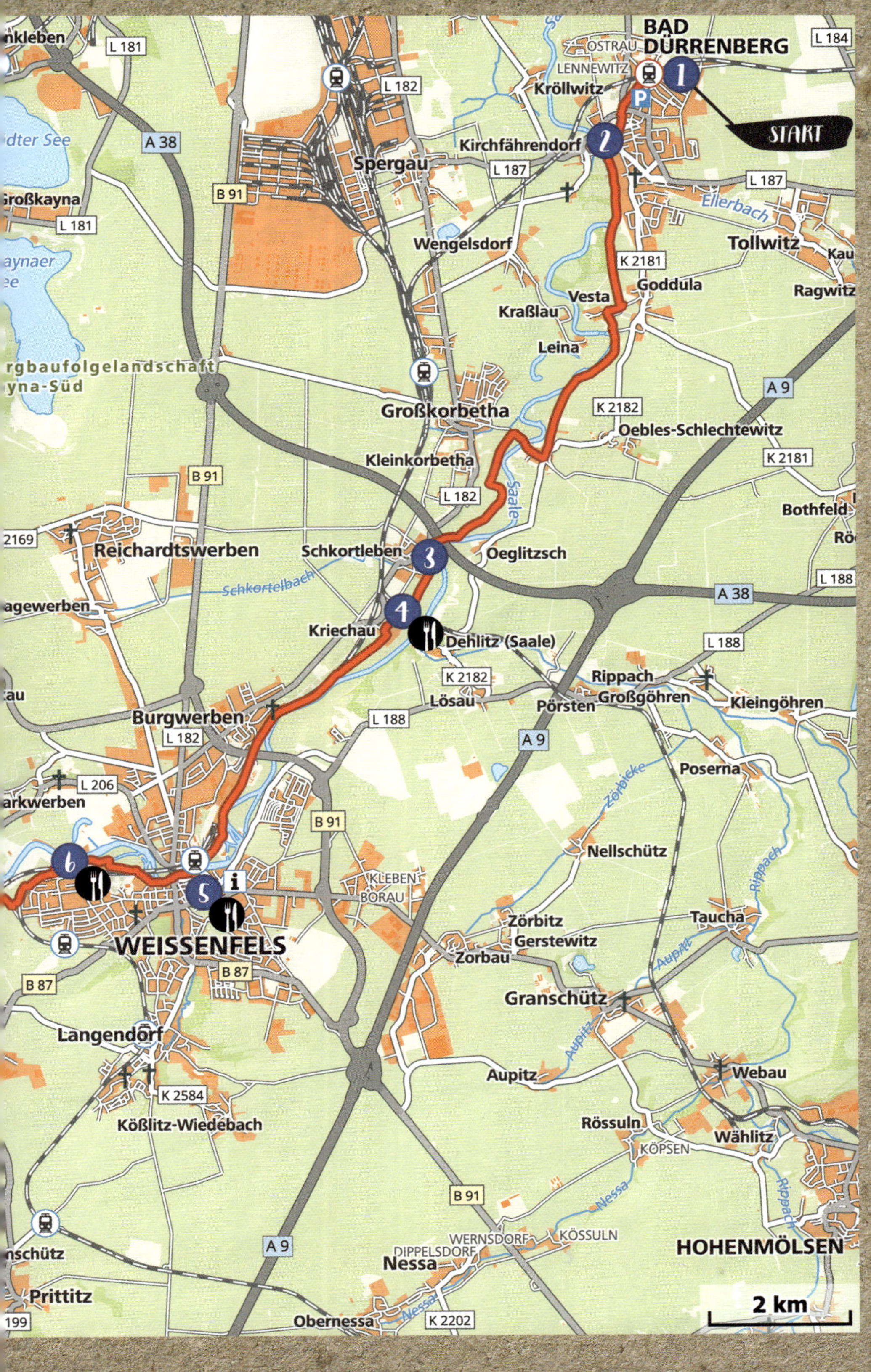
BAD DÜRRENBERG
START
OSTRAU
LENNEWITZ
Kröllwitz
Kirchfährendorf
Spergau
Wengelsdorf
Ellerbach
Tollwitz
Goddula
Vesta
Kraßlau
Leina
Ragwitz
Großkorbetha
Kleinkorbetha
Oebles-Schlechtewitz
Saale
Bothfeld
Reichardtswerben
Schkortleben
Oeglitzsch
Schkortelbach
Kriechau
Dehlitz (Saale)
Rippach
Großgöhren
Kleingöhren
Lösau
Pörsten
Burgwerben
Poserna
Zörbicke
Nellschütz
KLEBEN
BORAU
Zörbitz
Gerstewitz
Zorbau
Taucha
Rippach
Aupitz
Granschütz
WEISSENFELS
Langendorf
Kößlitz-Wiedebach
Aupitz
Webau
Rössuln
KÖPSEN
Wählitz
Nessa
WERNSDORF
KÖSSULN
DIPPELSDORF
Nessa
HOHENMÖLSEN
Prittitz
Obernessa
A 38
A 9
B 91
B 87
L 181
L 182
L 184
L 187
L 188
L 206
K 2181
K 2182
K 2202
K 2584
2 km

ZAUBERHAFT!

Einmal in Merseburg, unternehme ich meist einen Abstecher zum grandiosen Merseburger Dom. Der Domschatz zeigt auch die weltberühmten Merseburger Zaubersprüche.

- **1 /** Vom Bahnhof Merseburg zum Geiseltaler See aufbrechen
- **2 /** In Zscherben dem historischen Handelsweg der Salzstraße folgen
- **3 /** Am Franklebener Strand das Ostseefeeling genießen
- **4 /** Den Aussichtsturm auf der Klobikauer Halde erklimmen
- **5 /** Einkehren in der Straußwirtschaft am Weinberg Goldener Steiger
- **6 /** Wie wär´s mit einer SUP-Tour am Strand Stöbnitz?
- **7 /** Die Marina Mücheln erkunden
- **8 /** Nach Fossilien Ausschau halten im Labyrinth am Seeufer
- **9 /** Über die Seebrücke im Hafen von Braunsbedra flanieren

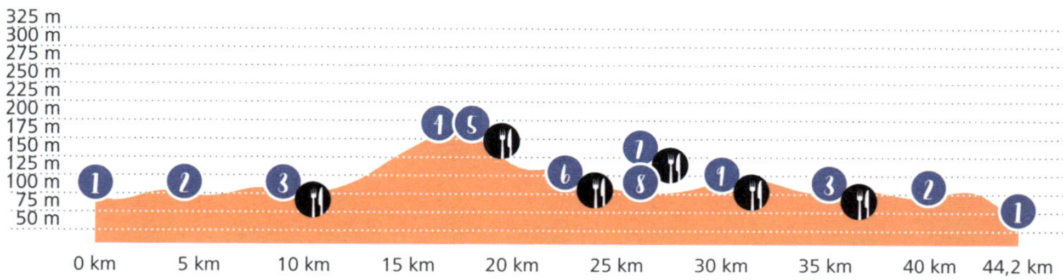

HAFENHOPPING

Von Merseburg rund um den größten künstlichen See Deutschlands

Vom geschichtsträchtigen Merseburg steuern wir den Geiseltalsee an. Der Rundkurs um den größten künstlichen See Deutschlands führt uns am Weinberg Goldener Steiger und an idyllisch gelegenen Hafenanlagen vorbei. Und Strände gibt's wie Sand am Meer.

44 Kilometer
110 Höhenmeter
3:45 Stunden
Rundtour

CHARAKTER

Sportlich ●●●●○
Abkühlung ●●●●●
Schlemmen ●●●●○
Panorama ●●●●○

Auf zum See

Vom 1 / Merseburger Bahnhof orientieren wir uns zur König-Heinrich-Straße hin und radeln an dieser nach rechts. Am Kreisverkehr schwenken wir in die Teichstraße, unterqueren die Bahnstrecke und halten uns gleich links in die Geusaer Straße. Du radelst am Rand des Parks um den Hinteren Gotthardtteich entlang und erreichst eine große Ampelkreuzung. Wir nutzen die Ampel, biegen links und rollen auf dem Radweg zum Glück nur 500 m neben der verkehrsreichen B91. Dann wird's deutlich ruhiger und grüner, denn wir biegen in den schmalen Feldschlößchenweg ein. An der Vorfahrtsstraße hält sich die Route nach wenigen Pedaltritten rechts und schwenkt später bei Haus Nr. 153 ebenfalls rechts in die Naumburger Straße. Neben dem Straßenbahngleis radelst

‹ links / Wer wollte da nicht reinspringen? Geiseltalsee

du nun allerdings nur kurz, denn gleich orientiert sich die Tour rechts in Richtung Zscherben. Damit bleibt das Merseburger Stadtgebiet zurück und wir werden nun von der Radwegbeschilderung Salzstraße geleitet. Kurvenreich gelangst du nun ins winzige 2 / Zscherben, in dem eine Zählung im Jahre 2021 die Einwohnerzahl von 42 ergab. Entsprechend schnell liegt das Dorf mit seiner wuchtigen Kirche hinter dir. Die Weiser mit dem Logo der Salzstraße führen uns zunächst ein kleines Stück am Waldrand entlang, bevor sie die Route nach links auf einen befestigten Feldweg dirigieren. Schnurgerade sausen wir durch die aussichtsreiche Feldlandschaft und überqueren die Autobahn. Danach schwenkt der gut beschilderte Radweg hin zum Dorf Reipisch. Im Ort geht es rechts auf dem Sträßchen Salzhohle weiter, das bald nach den letzten Häusern und bei der Kleingartenanlage „Glück Auf" eine Vorfahrtsstraße erreicht. Diese überqueren wir schräg nach rechts versetzt. Die Radweiser führen dich zuverlässig hinab zum 3 / Franklebener Strand am Geiseltalsee.

TIEFGANG

Bis zu 80 m ist der Geiseltalsee tief – mehr als ausreichend für ausgiebige Tauchgänge! Die Tauchbasis am 3 / Franklebener Strand bietet auch Schnupperkurse an.

Ostseefeeling mit Weinberg

Vor allem bei etwas stärkerem Wind stellt sich Ostseefeeling ein – dann gibt es hier richtige Wellen. Der Sandstrand lädt zur Abkühlung im klaren Wasser ein. Bei der Tauchbasis nebenan hat saisonabhängig ein Kiosk geöffnet – einer entspannten Rast steht also nichts im Wege. Wer mag, kann sich auch gleich für einen Schnupperkurs anmelden (www.tauchbasis-geiseltalsee.de). Der Geiseltalsee entstand – wie viele andere Gewässer der Region auch – aus einem ehemaligen Braunkohletagebau. 1993 verließ der letzte Kohlezug die Lagerstätte, 10 Jahre später wurde mit der Flutung des Areals begonnen. Seit deren Abschluss im Jahre 2011 erstreckt sich der See über fast 20 km² und bringt es auf eine Tiefe

---

➤ rechts groß / Weinberge am Geiseltalsee ➤ rechts klein / Die renaturierten Flächen stehen unter Naturschutz

KM 16

Fast 20 km² ist der Geiseltalsee groß. Entstanden durch die Flutung eines Tagebaus, kann er als typischer Vertreter seiner Art im Leipziger Umland gelten. Strände, Marinas und Tauchbasen – erstaunlich, was sich in kurzer Zeit entwickelt hat. Einzigartig ist auf jeden Fall der 5 / Weinberg Goldener Steiger!

Auf hoher See

Lust auf einen Schiffsausflug? Im **9 / Hafen von Braunsbedra** kannst du die MS Geiseltalsee entern und zu einer Rundtour auf dem See aufbrechen.

Orchideen im Naturschutzgebiet

von fast 80 m – mehr als genug für ausgiebige Tauchgänge also. Aber auch die Länge des Rundkurses um den See kann sich mit 28 km sehen lassen. Diese Herausforderung nimmst du nun in Angriff und radelst (entgegen dem Uhrzeigersinn) auf dem Uferweg nach rechts. Schnell wird deutlich, dass die Natur das einstige Bergbaugebiet Schritt für Schritt zurückerobert. Renaturierte Tagebauflächen bieten nun Raum für Trockenrasen, wo sich bereits zahlreiche Orchideenarten ansiedeln konnten. Der See selbst ist zum Refugium einer vielfältigen Vogelwelt geworden. Weite Bereiche dieser Habitate stehen heute unter Naturschutz. Auf dem bestens präparierten Asphaltbelag sausen wir dahin. Die Route gewinnt zunehmend an Höhe – umso besser wird die Aussicht, umso mehr müssen wir aber auch in die Pedale treten. Du strampelst bis zum beschilderten Abzweig zum 4 / Aussichtsturm auf der Klobikauer

Halde bergan. Zu Fuß machst du dich an den recht steilen Anstieg hinauf auf die Anhöhe. Der Blick vom Turm zeigt dir aber, dass sich die Mühe gelohnt hat. Auf dem Radweg gilt es dann, noch für einen kurzen Abschnitt die Zähne zusammenzubeißen – die Steigungen von 10 % haben es durchaus in sich. Oben kommen wir erst einmal zum Stehen und staunen. Einen Weinberg, der sich bis zum Seeufer hinabzieht, hätten wir hier ganz sicher nicht erwartet. Sogar eine 5 / Straußwirtschaft hat direkt am Radweg ihre Pforten geöffnet, neben Müller-Thurgau, Silvaner und Weißburgunder sind auch Zwiebelkuchen, Käseteller und die unverwüstliche Fettbemme im Angebot. Genießen lässt sich dies auf einer Terrasse mitten im Weinberg Goldener Steiger mit grandiosem Panoramablick (www.weinbau-am-geiseltalsee.de). An eine kleine romanische Basilika erinnert die Europäische Begegnungsstätte der Kulturen. In ihr Mauerwerk wurden Steine ehemaliger Kirchen aus dem Geiseltal integriert, die dem Kohleabbau zum Opfer fielen.

Einen Weinberg im einstigen Tagebau gibt's nicht? Gibt`s doch! Und eine Straußwirtschaft gleich dazu. Traumhaft schön sitzt es sich mit Seeblick auf der Terrasse inmitten des 5 / Weinbergs Goldener Steiger, der sich mit einem Gefälle von 30 % zum Ufer hinzieht.

Strandhopping

Wir sausen nun (vorsichtig, weil kurvenreich) bergab. Bänke am Wegesrand laden zum Verweilen ein. Die zahlreichen, kreativ gestalteten Vogelhäuschen und Nistkästen an diesem Uferabschnitt

< links / Aussichtsturm auf der Klobikauer Halde ^ oben / Der Weinberg Goldener Steiger am Geiseltalsee

stehen sinnbildlich für den sich entwickelnden Vogelreichtum am Geiseltalsee. Kurz folgen wir nun dem Zufahrtssträßchen zu einem Campingplatz, dann lassen wir uns von der Beschilderung vorbei an einem weiteren Aussichtsturm zum 6 / Strand von Stöbnitz leiten. Zwar verläuft unsere weitere Route oberhalb des Geländes, aber ein Abstecher zum feinsandigen Seeufer ist ganz bestimmt eine gute Idee. Soll's ein erfrischendes Bad oder eine Bootspartie sein? Auch eine SUP-Tour ist möglich. Schließlich gibt's einen Bootsverleih vor Ort (www.landgang-event.de). Chillen lässt es sich aber auch wunderbar an der Bar des Beachclubs, die in der Saison geöffnet ist. Nur etwas mehr als einen Kilometer trittst du nun in die Pedale, dann bremst du an der 7 / Marina von Mücheln ab. Überraschend viele Jachten schaukeln hier am Pier. Rund um den markanten Hafenturm haben sich neben der Touristeninformation auch Cafés und ein Restaurant etabliert. Warum also nicht mit einem duftenden Kaffee die Tour und den Blick auf den blauen Geiseltalsee genießen? Über den nächsten Stopp werden sich vor allem kleine Radler freuen: Ein liebevoll angelegtes 8 / Labyrinth präsentiert sich unter dem ungewöhnlichen Namen „Im Urpferdchen" – aus der Vogelschau lässt sich der

Merseburg entdecken

Die architektonischen Schätze um den Dom St. Johannis, Schloss und Schlossgarten kannst du gut auf eigene Faust erkunden. Infos gibt's unter www.merseburg.de.

KM 9

Die erste Erwähnung des Kohleabbaus im Geiseltal datiert von 1698. In den folgenden 300 Jahren summierte sich die Förderung auf die unvorstellbare Menge von 1.430.000.000 t. Vor allem die Industrie nahe Merseburg wurde beliefert. Der Preis war hoch: 16 Dörfer mussten aufgegeben und 12.500 Einwohner umgesiedelt werden.

Umriss der Anlage nämlich als jenes Urpferdfossil deuten, das bei der Kohleförderung einst freigelegt wurde. Das 50 Mio. Jahre alte Fossil wird heute als Prunkstück der Sammlung im Geiseltalmuseum in Halle der Öffentlichkeit präsentiert. Auch das Städtchen 9 / Braunsbedra kann mit einer Marina punkten. Unterhalb der kleinen Kirche und des Aussichtsturmes Leonhardt erstreckt sich seit 2014 Sachsen-Anhalts erste Seebrücke. Auf beachtlichen 190 m kann hier flaniert und der Blick zurück auf den Hafen genossen werden. Dieser ist übrigens auch der Heimathafen der MS Geiseltalsee, die zu Ausfahrten über den (noch) größten künstlichen See Deutschlands einlädt. Nur wenige Kilometer sind nun noch zum 3 / Strand von Frankleben zurückzulegen, wo wir dem Geiseltalsee den Rücken kehren und zurück nach 1 / Merseburg radeln.

TOURENINFO / Im Stadtgebiet von Merseburg ist auf den Verkehr zu achten. Sonst verläuft die Route auf Radwegen und ruhigen Nebenstraßen. Am Seeufer einige steile Auf- und Abfahrten. Badesachen nicht vergessen.

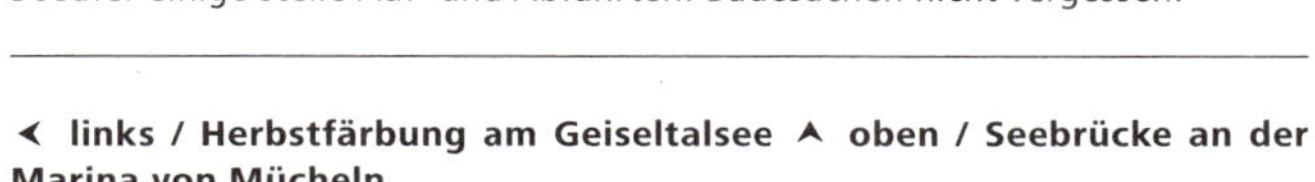

< links / Herbstfärbung am Geiseltalsee ^ oben / Seebrücke an der Marina von Mücheln

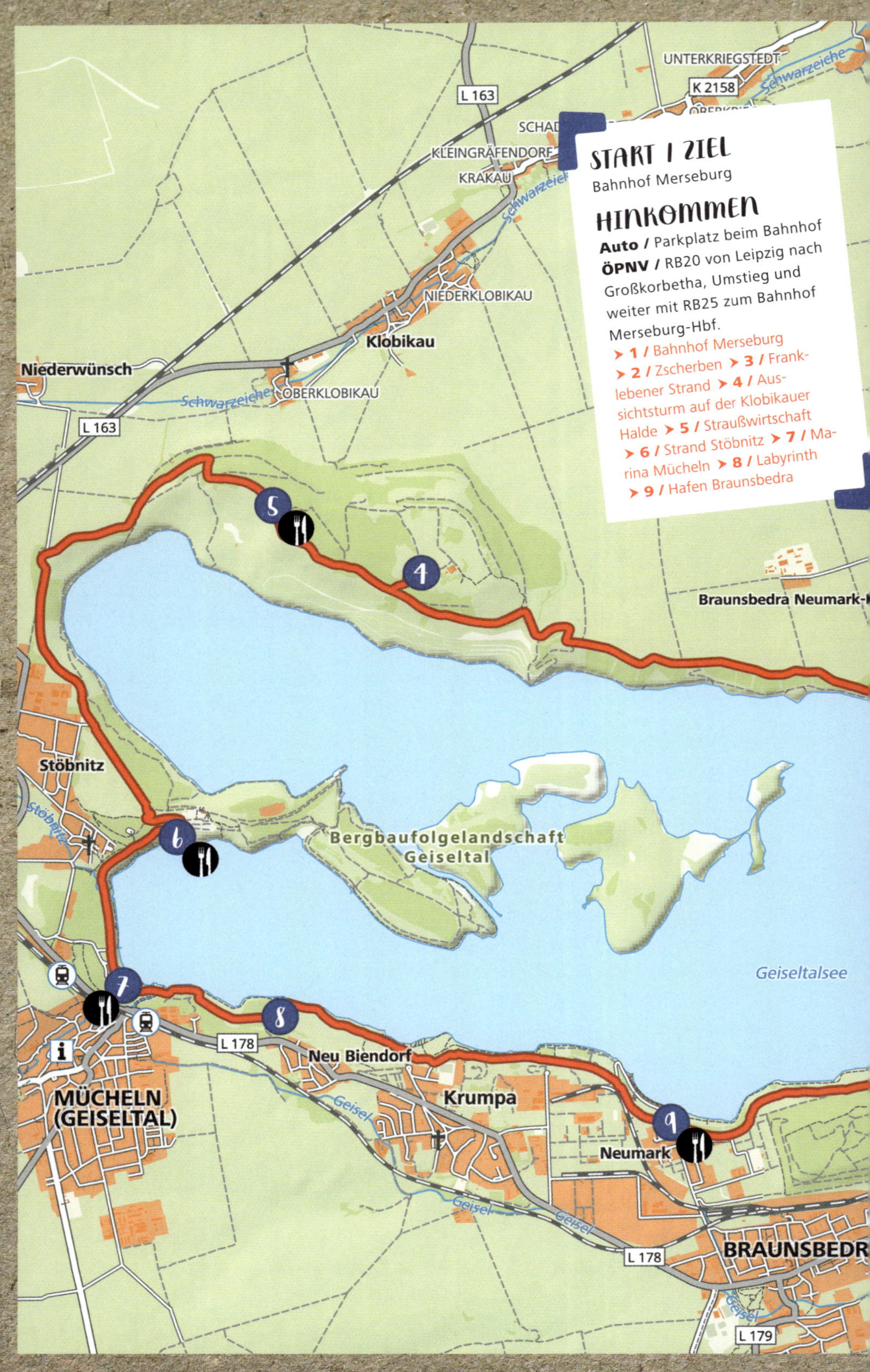
START / ZIEL
Bahnhof Merseburg
HINKOMMEN
Auto / Parkplatz beim Bahnhof
ÖPNV / RB20 von Leipzig nach Großkorbetha, Umstieg und weiter mit RB25 zum Bahnhof Merseburg-Hbf.
➤ 1 / Bahnhof Merseburg ➤ 2 / Zscherben ➤ 3 / Franklebener Strand ➤ 4 / Aussichtsturm auf der Klobikauer Halde ➤ 5 / Straußwirtschaft ➤ 6 / Strand Stöbnitz ➤ 7 / Marina Mücheln ➤ 8 / Labyrinth ➤ 9 / Hafen Braunsbedra
UNTERKRIEGSTEDT
K 2158
Schwarzeiche
L 163
KLEINGRÄFENDORF
KRAKAU
NIEDERKLOBIKAU
Klobikau
Niederwünsch
OBERKLOBIKAU
Braunsbedra Neumark
Stöbnitz
Bergbaufolgelandschaft Geiseltal
Geiseltalsee
L 178
Neu Biendorf
Krumpa
MÜCHELN (GEISELTAL)
Geisel
Neumark
BRAUNSBEDR
L 179

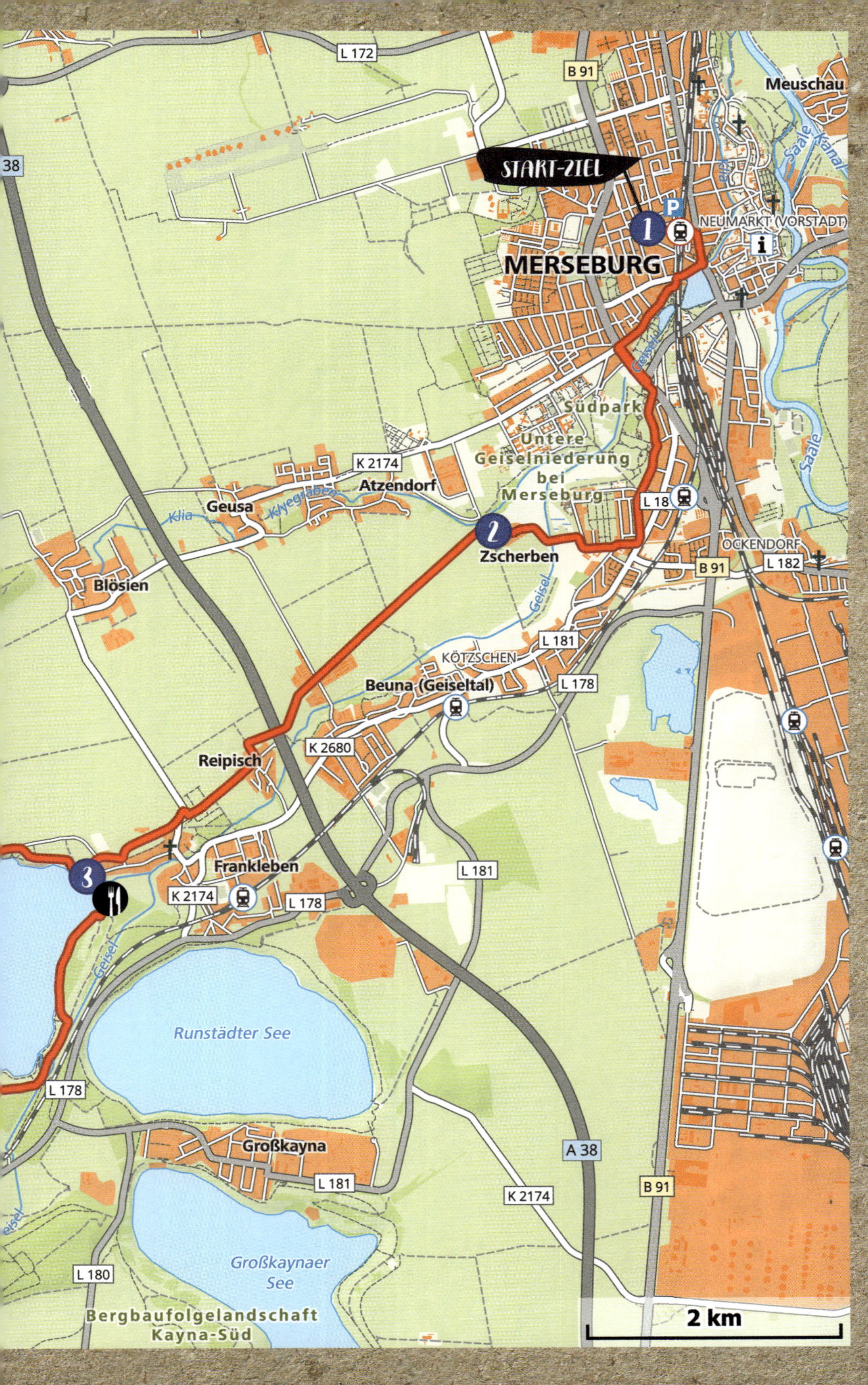
L 172
B 91
Meuschau
38
START-ZIEL
Saale
Kanal
NEUMARKT (VORSTADT)
MERSEBURG
Geisel
Südpark
Untere
Geiselniederung
bei
Merseburg
K 2174
Atzendorf
Geusa
Klia
L 18
Saale
Zscherben
OCKENDORF
B 91
L 182
Blösien
Geisel
L 181
KÖTZSCHEN
Beuna (Geiseltal)
L 178
K 2680
Reipisch
Frankleben
K 2174
L 178
L 181
Geisel
Runstädter See
L 178
Großkayna
L 181
A 38
K 2174
B 91
L 180
Großkaynaer
See
Bergbaufolgelandschaft
Kayna-Süd
2 km

SCHWIM-MENDER TURM

Keinesfalls lasse ich mir den Aufstieg auf den schwimmenden 4 / Pegelturm entgehen – dazu ist der Blick einfach zu spektakulär.

➤ **1 /** Beim Bahnhof Bitterfeld startet und endet unser Rundkurs

➤ **2 /** Beim Stadthafen über die Bitterfelder Wasserfront staunen

➤ **3 /** Im Wasserzentrum, dem alten Wasserwerk, das flüssige Lebenselixier unter die Lupe nehmen

➤ **4 /** Die Aussicht vom schwimmenden Pegelturm genießen

➤ **5 /** Mutprobe gewünscht? Die Wasserskianlage des Wakeparks liegt direkt am Weg!

➤ **6 /** Mediterranes Flair auf der Halbinsel Pouch – die Bühne Agora

➤ **7 /** Vom Roten Turm Ausschau nach dem Völkerschlachtdenkmal halten

➤ **8 /** Plätschernde Wellen und Entengeschnatter – Ruhe tanken in der Goitzsche-Wildnis

➤ **9 /** Am Bitterfelder Strand ins Wasser springen

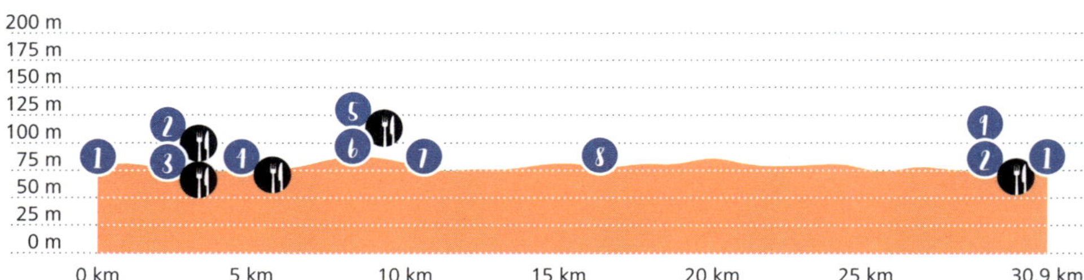

KOHLE ZU DIAMANT

Der Tagebausee Goitzsche, das Juwel von Bitterfeld

Wo sich vor gar nicht so langer Zeit turmhohe Bagger durchs Erdreich wühlten, plätschert heute friedlich das glasklare Wasser des Goitzschesees. Die Bitterfelder Wasserfront lädt zum Flanieren, Baden und Genießen ein. Wir umrunden den jungen See und stoßen auf mittelalterliche Türme und die Goitzsche-Wildnis, die die Natur schon längst eindrucksvoll zurückerobert hat.

31 Kilometer
15 Höhenmeter
2:30 Stunden
Rundtour

CHARAKTER
Sportlich ●●●○○
Abkühlung ●●●●●
Schlemmen ●●●○○
Panorama ●●●●○

Bitterfelder Wasserfront

Am Parkplatz beim 1 / Bahnhof Bitterfeld steigen wir in den Sattel, radeln auf der Walter-Rathenau-Straße über die Bismarckstraße und gelangen gleich zum historischen Markt mit neugotischer Kirche, Backsteinrathaus und Kreismuseum. Dessen Besuch heben wir uns für später auf, denn es zieht uns zum Wasser. Dorthin leitet die Beschilderung Goitzschesee, der du über die Burgstraße, Mühlstraße und Berliner Straße folgst. Bereits nach wenigen Pedaltritten bremst du am 2 / Stadthafen ab – vor dir liegt die blaublitzende und sich bis zum Horizont dehnende Wasserfläche des Goitzschesees. Entstanden ist die Goitzsche – wie das Gewässer der Einfachheit

< links / Südseefeeling am Bitterfelder Strand

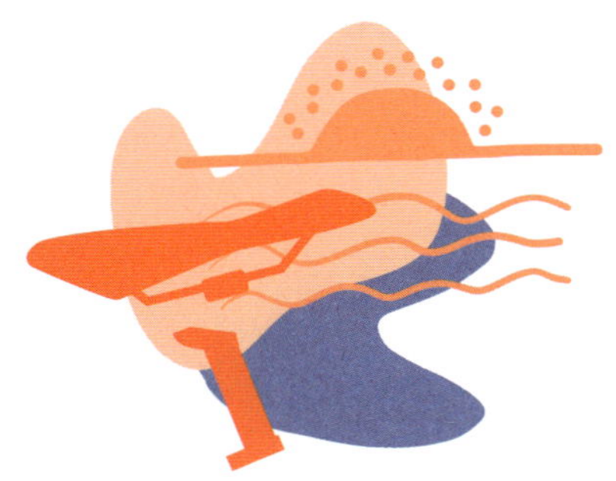

halber genannt wird – auf dem Areal eines Tagebaurestloches erst nach 1998. Damals begann man mit der Einleitung von Wasser, das der Mulde abgezapft wurde. Geplant war der Abschluss der Flutung für das Jahr 2006. Es sollte anders kommen: Das verheerende Muldehochwasser vom Sommer 2002 durchbrach einen Damm und ließ den Seepegel innerhalb von zwei Tagen um mehr als 7 m steigen. In den folgenden Jahren machte man sich dann an die Gestaltung der Bitterfelder Wasserfront – neben dem Stadthafen und der Promenade entstanden Spiel- und Beachvolleyballplätze, Restaurants und eine ganze Marina. Die Zeiten, als Bitterfeld wegen industrieller Umweltsünden und dem Braunkohletagebau als „dreckigste Stadt Europas" verschrien war, sind definitiv längst vorbei. Wir machen uns auf den Weg zur Marina mit spektakulärem Pegelturm und radeln auf dem Goitzsche-Rundweg im Uhrzeigersinn um den See.

Panoramablick vom schwimmenden Turm

Der Radweg bleibt dicht am Ufer und führt am einladenden Kaffeehaus Wundermild vorbei. Frisch gerösteter Café, hausgemachter Kuchen und Seeblick sorgen für Urlaubsfeeling (www.wundermild-bitterfeld.de). Nur einige Pedaltritte entfernt nimmt eine Ausstellung im ehemaligen Wasserwerk das flüssige Lebenselixier unter die Lupe – das 3 / Wasserzentrum ist damit die perfekte Einstimmung für die Tour um den Goitzschesee (www.wasserzentrum-bitterfeld.de). Du radelst bald an einem kleinen Park zu Füßen des Hotels Villa am Bernsteinsee vorbei. Die hier präsentierte Bergbautechnik hält die Erinnerung an den riesigen Tagebau wach, der das Bitterfelder Umland einst in eine Mondlandschaft verwandelte. Zwischen 1949 und 1991 wurden unvorstellbare 318 Mio. Tonnen Braunkohle gefördert. Heute schaukeln Jachten

MINIKREUZFAHRT

Mit einem Ausflugsschiff geruhsam über die Goitzsche schippern? Die MS Vineta startet an der Marina unweit der Villa am Bernsteinsee (www.ms-vineta.de).

➤ rechts groß / Villa am Bernsteinsee ➤ rechts klein / Kleiner Park mit ehemaliger Bergbautechnik

BLAU

Die Villa am Bernsteinsee wurde 1896 als repräsentative Fabrikantenvilla errichtet. Vom Biergarten am Ufer der Goitzsche hast du eine wunderbaren Blick über den tiefblauen See (www.villa-am-bernsteinsee.com). Einfach mal die Seele baumeln lassen!

Adrenalin-stoss?

Schon Profi oder noch Anfänger? Wasserski oder Wakeboard? Im **5 / Wakepark** gibt's für jeden den richtigen Kurs: www.agora-erlebnis-resort.de. Boote werden übrigens auch verliehen.

Seeblick vom Pegelturm

an der Marina, wo du dich nun zum 4 / Pegelturm hin orientierst. Die 26 m hohe Stahlkonstruktion schwimmt auf der Wasserfläche und ist lediglich um eine innere Stütze gelagert, die fest im Seeboden verankert ist. Je nach Wasserstand hebt und senkt sich der spiralförmige Turm. 144 Stufen hast du in den Beinen, wenn du auf die oberste Plattform trittst. Was für ein Blick über den See! Haben wir wieder festen Grund unter den Füßen, verlocken Sandstrand und Cafés zum Verweilen.

Eine viertel Million Bücher

Schließlich nehmen wir unseren Rundkurs wieder auf und lassen uns von der Destination Pouch leiten. Bücherfreunde sollten den kurzen, beschilderten Abstecher nach Mühlbeck erwägen – das erste deutsche Buchdorf hat sich auf Antiquariate spezialisiert. Fast eine viertel Million Bücher wollen hier durchstöbert werden – es kann also auch etwas länger dauern. Der Radweg am Ufer führt dich an der Wasserskianlage des 5 / Wakeparks vorbei und gleich

auf asphaltiertem Wege bergan. Oben setzt sich der Goitzsche-Rundweg beim Parkplatz geradewegs fort. Lohnend ist hier aber auch der kurze Ausflug auf die Halbinsel Pouch. Wir schwenken dazu rechts ein und folgen dem Sträßchen bis zur 6 / Agora – einer Bühne im Stile eines griechischen Theaters. Zuweilen präsentiert sich das Gelände etwas verwildert und verwachsen, was dem Areal das Gepräge einer mediterranen Ausgrabungsstätte verleiht. Wir rollen zurück zu unserem Rundweg, orientieren uns weiterhin an den Weisern in Richtung Pouch und sausen bald ein recht steiles Gefälle hinab zum Rastplatz Inselblick. Wenig später stehen wir schon am Fuß des weithin sichtbaren 7 / Roten Turmes. Eine Besteigung wollen wir uns nicht entgehen lassen. Ein Fußweg bringt uns den Hang und 105 Stufen den Turm aus dem 13. Jahrhundert hinauf. Oben sehen wir: Die Mühe hat sich gelohnt – selbst das Leipziger Völkerschlachtdenkmal ist bei gutem Wetter zu erkennen.

Per Webcam bei Familie Adler zu Gast

Zunächst lässt du dich nun von der Beschilderung Bad Düben führen. Schließlich zweigt diese Destination gemeinsam mit dem Mulde-Radweg links ab – du radelst hier geradewegs am Seeufer in

KM 6

Das erste deutsche Buchdorf wurde 1997 in Mühlbeck-Friedersdorf aus der Taufe gehoben. Zeitweise wirkten 15 Antiquariate mit einem Bestand von 500.000 Büchern in dem kleinen Dorf. Auch wenn die Anzahl der Läden bis heute etwas geschrumpft ist – das direkt am Radweg gelegene Mühlbeck ist ein Eldorado für Leseratten.

< links / Hafen an der Marina ^ oben / Herbstwald am Goitzscheufer

Richtung Goitzsche-Wildnis weiter. Im folgenden Abschnitt behalten wir die Weiser im Auge und gelangen schließlich in die – unter einem besonderen Schutz stehende – 8 / Goitzsche-Wildnis. Die BUNDstiftung, eine Stiftung des Bundes für Umwelt und Naturschutz, hat hier ein 1.300 ha großes Gebiet des ehemaligen Tagebaus erworben. Nach den Verwüstungen durch den Bergbau und der nachfolgenden Nutzung durch NVA und Bundeswehr wird das Areal nun dauerhaft der freien Entfaltung der Natur vorbehalten bleiben. Schon die Artenvielfalt der Wasservögel in diesem Bereich des Sees gibt dem Unterfangen recht. Sogar Fischadler brüten hier wieder regelmäßig – durch eine am Horst installierte Webcam kannst du am Familienleben von Familie Adler teilnehmen und die Aufzucht der Jungen verfolgen (www.goitzsche-wildnis.de). Bei einigen Infotafeln lässt es sich auf dem naturbelassenen Rastplatz am Ufer gut pausieren. Das Schnattern und Pfeifen aus vielen Schnäbeln untermalt die Idylle akustisch.

KAFFEEGENUSS

Wenn du das Café betrittst, steigt dir der Duft frisch gerösteten Kaffees in die Nase. Hausgemachten Kuchen und Seeblick gibt's obendrein (www.wundermild-bitterfeld.de).

Zurück zum Strand

Die Route folgt weiterhin dem Goitzsche-Rundweg. Bald taucht linker Hand – jenseits des schmalen Lober-Leine-Kanals – die

KM 16

Stück für Stück holt sich die Natur die 8 / Goitzsche-Wildnis am Südufer zurück. Dank der BUNDstiftung, die einen Teil des Tagebaus erwarb, bleibt das Gebiet dauerhaft der freien Entfaltung von Flora und Fauna vorbehalten. Nun brüten hier wieder Fischadler, deren Alltag im Horst per Webcam verfolgt werden kann.

Wasserfläche des Seelhausener Sees auf. Wir bleiben rechts des Kanals und orientieren uns stets an den kleinen Zusatzschildern unseres Rundweges. Die Tour wendet sich schließlich vom Kanal ab und verläuft auf einem befestigten Waldweg. Die Route schlängelt sich nun durch den jungen Wald und lässt sich jetzt von der Destination Bitterfeld leiten. Geradewegs passierst du den abzweigenden Schmetterlingsweg und einen Gedenkstein für das 1978 abgetragene Dorf Niemegk. Unweit eines Campingplatzes kannst du am 9 / Strand noch einmal ins glasklare Goitzschewasser hüpfen. Genussvolle Entspannung verspricht auch die Terrasse des Cafés am 2 / Stadthafen, bevor du dich auf den kurzen Weg zurück zum 1 / Bahnhof machst.

TOURENINFO / Die Tour verläuft fast ausschließlich auf dem Radweg um den Goitzschesee. Badesachen einpacken.

< links / Die Goitzsche-Wildnis – ein Naturschutzgebiet ^ oben / Markt Bitterfeld

GREPPIN
K 2054
ANHALTSIEDLUNG
Leine
B 183
B 100
BITTERFELD-WOLFEN
K 2054
START-ZIEL
B 183
BITTERFELD
Lober
Großer
Goitzschesee
B 184
K 2057
Strengbach
KRAFTWERKSIEDLUNG
B 100
B 100
Strengbach
B 184
Holzweißig
Holzweißiger
Ostsee
Paupitzscher
See
Ludwigsee
Paupitzscher
See
B 184
Neuhauser See
Petersroda

START I ZIEL

Bahnhof Bitterfeld

HINKOMMEN

Auto / Parkplatz beim Bahnhof

ÖPNV / S-Bahnlinie S2

➤ **1 /** Bahnhof Bitterfeld ➤ **2 /** Stadthafen ➤ **3 /** Wasserzentrum ➤ **4 /** Pegelturm ➤ **5 /** Wakepark ➤ **6 /** Agora ➤ **7 /** Roter Turm ➤ **8 /** Goitzsche-Wildnis ➤ **9 /** Strand am Goitzschesee

AUENBLICK

In 7 / Höfgen schätze ich in den Biergarten des Gasthauses Zur Wassermühle sehr – schon wegen der traumhaft idyllischen Lage inmitten der Muldeaue.

➤ **1 /** Beim Bahnhof Grimma beginnt und endet die Tour entlang der Mulde

➤ **2 /** Durch die Ruinen des Nonnenklosters Nimbschen streifen

➤ **3 /** Abkühlung suchen im Muldetalbad von Kleinbothen

➤ **4 /** Im Veranstaltungskalender des Jagdhauses Kössern blättern

➤ **5 /** Vom Colditzer Markt zum Schloss hoch über der Stadt aufbrechen

➤ **6 /** Im Park beim Wasserschloss Podelwitz eine Rast einlegen

➤ **7 /** In Höfgen – dem Dorf der Sinne – den Blick über die Muldeaue genießen

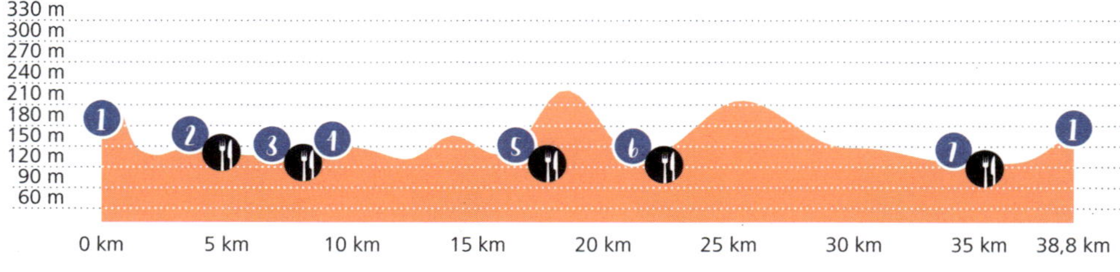

Schlössertour

Architekturperlen des Muldetals

Der Mulde-Radweg weist uns den Weg am Ufer des Flusses entlang, wobei wir schon bald einen Stopp bei den Ruinen des Klosters Nimbschen einlegen. Auch die mächtige Feste von Colditz und das malerische Wasserschloss Podelwitz liegen am Wege.

39 Kilometer
225 Höhenmeter
3:15 Stunden
Rundtour

Flucht aus dem Kloster

Beim 1 / Grimmaer Bahnhof treten wir in die Pedale und folgen der Radwegbeschilderung in Richtung Colditz auf der Karl-Marx-Straße, der Colditzer Straße und der Kellerhäuser Straße hinab zur Mulde. Am Ufer des träge strömenden Flusses radeln wir auf dem Mulde-Radweg nach rechts und bewundern die historische Hängebrücke von 1924. Du bleibst aber am rechten Muldeufer und passierst gleich das traumhaft gelegene Restaurant Raffinesse. Die Kennzeichnung des Mulde-Radweges leitet dich nun bis nach Colditz. Entsprechend rollst du gleich entlang der kleinen Landstraße und querst diese schließlich wieder zum Fluss hin. Auf dem Deichweg steuern wir bald das erste Highlight der Tour an: Nur wenige Meter vom Radweg entfernt stehen die eindrucksvollen Ruinen des 1243 gegründeten 2 / Nonnenklosters

Charakter

Sportlich	●●●●●
Abkühlung	●●●○○
Schlemmen	●●●●○
Panorama	●●●●●

◂ links / Die Mulde zwischen Grimma und Höfgen

Nimbschen. Bekannt ist es vor allem durch eine der einstigen Bewohnerinnen – die Nonne Katharina von Bohra. Gemeinsam mit 11 Gefährtinnen floh sie in der Osternacht des Jahres 1523 nach Wittenberg, wo sie zwei Jahre später die Ehefrau Martin Luthers wurde. Wir lassen uns vom Charme der Ruinen bezaubern, stärken uns vielleicht in der nahen Klosterschänke (www.kloster-nimbschen.de) und treten dann wieder in die Pedale.

Zum Zusammenfluss zweier Mulden

Die Route verläuft rechts der Mulde auf einem lauschigen Waldweg zwischen Fluss und steil aufragendem Uferhang. Geradewegs passieren wir die Anlegestelle der Höfgener Fähre und das Künstlerhaus Schaddelmühle. In der ehemaligen Klostermühle werden heute Workshops für Künstlerinnen und Künstler angeboten. Die Radwegbeschilderung führt dich nun aussichtsreich durch die offene Landschaft der Muldeaue. Kleinbothen – unser nächstes Zwischenziel kann mit dem 3 / Muldentalbad punkten. Über die Riesenrutsche oder auch nur ein Eis am Kiosk werden sich vor allem kleine Radler freuen (Badstraße 29). Im Ort solltest du die Weiser des Muldetal-Radweges mit der Destination Colditz im Auge behalten. Wir verlassen Kleinbothen und biegen später vor der Unterführung in Richtung Kössern ein. Auf der Straßenbrücke geht es über die Mulde, dann steigt die Tour zum prachtvollen barocken 4 / Jagdhaus Kössern hin an. Der Entwurf des Gebäudes stammte von Matthäus Daniel Pöppelmann, dem Stararchitekten August des Starken. Auftraggeber war Wolf von Erdmannsdorff, seines Zeichens sächsischer Oberhofjägermeister. Zog es den Dresdner Hof zur Jagd in den nahen Thümmlitzwald, so endete diese in Kössern meist mit einer – der Lebenswandel August des

GRIMMAS ALTSTADT

Ob vor oder nach der Tour – ein Spaziergang durch Grimma ist ein Muss: Schmale Gassen führen zum Markt oder zur Mulde – du wirst vom Flair begeistert sein.

➤ rechts groß / Einst feierte hier der Dresdner Hof rauschende Feste – das Jagdhaus Kössern ➤ rechts klein / Die Ruinen des Klosters Nimbschen

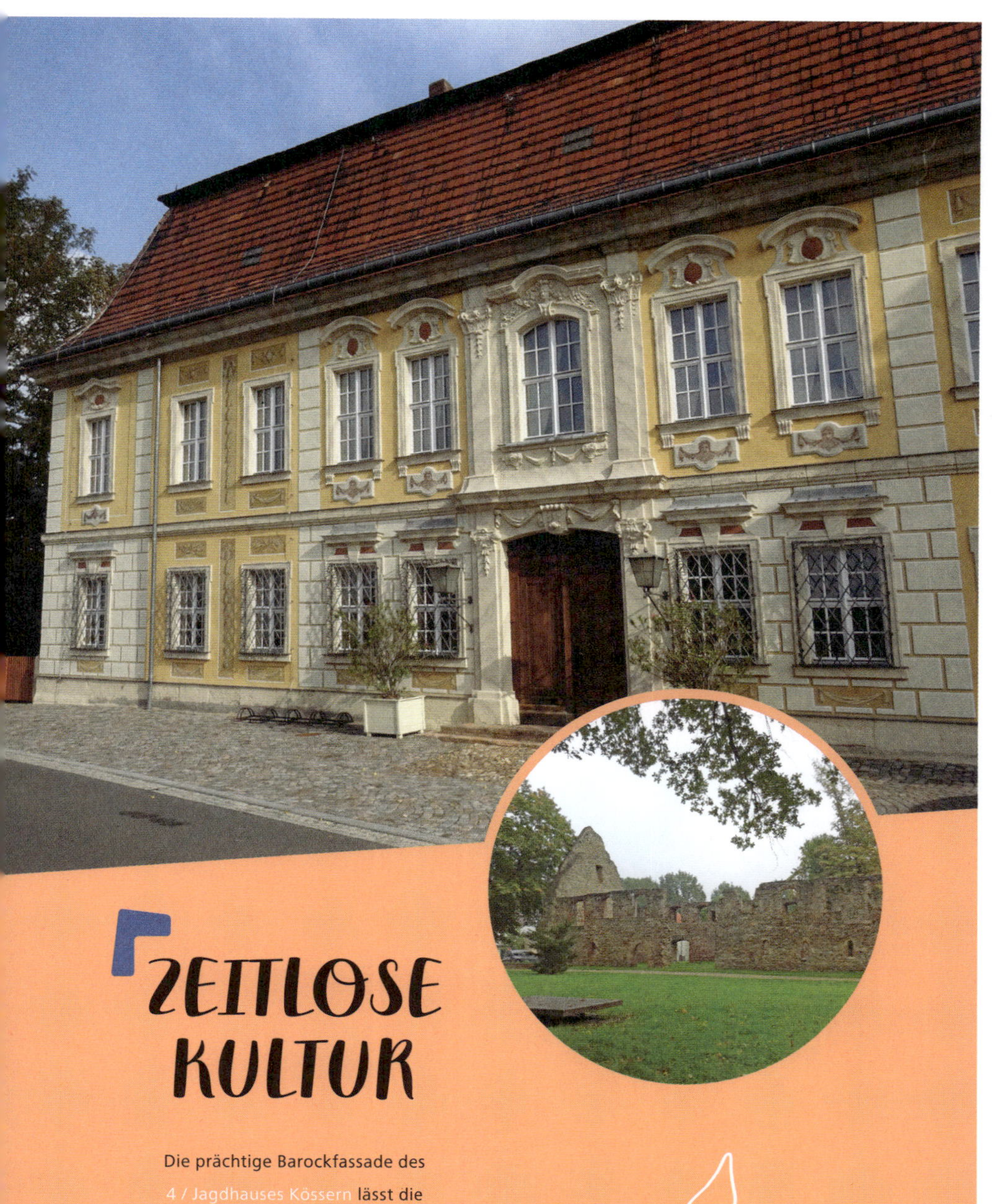

ZEITLOSE KULTUR

Die prächtige Barockfassade des 4 / Jagdhauses Kössern lässt die Handschrift Pöppelmanns – des Stararchitekten seiner Zeit – erkennen. Glanzvolle Kultur wird in dem Kleinod aber auch heute noch gelebt. Ob Klavierkonzert, Swing oder Lesung – ein Blick in den Veranstaltungskalender lohnt immer: www.jagdhaus-koessern.de.

ABKÜHLUNG ZWISCHENDURCH?

Etwas abseits unserer Tour liegt der Thümmlitzsee, der mit einer Liegewiese am Strand punkten kann: Von Förstgen 1 km dem Sträßchen „Zum Thümmlitzsee" folgen!

Starken lässt es vermuten – rauschenden Orgie. Du wendest dem Barockbau den Rücken zu, schwenkst mit dem Radweg bald ins Sträßchen nach Maaschwitz ein und rollst entspannt hinab ins Tal. An der Straßenverzweigung biegt die Tour schließlich rechts in Richtung Sermuth ein. Am nächsten Weiser orientieren wir uns an der Destination Colditz und überqueren gleich die Freiberger Mulde. Wirf von der Straßenbrücke ruhig einen Blick flussabwärts – dort mündet etwa 300 m entfernt die Zwickauer in die Freiberger Mulde. Vereinigt strömen beide dann als Mulde der Elbe entgegen. Wir radeln gerade über eine Straße hinweg und aus Sermuth hinaus.

BLICK VON DER BRÜCKE AUF DEN FLUSS

Schlösserhopping

Steil strampelst du nun bergan, genauso steil surren die Pneus wieder ins Tal und bringen dich zum Ortseingang von Colditz. Hoch über uns thront das berühmte Schloss, entsprechend müssen wir

noch einmal kräftig in die Pedale treten, um den 5 / Colditzer Markt zu erreichen. Hier haben wir uns eine Pause verdient! Wie wäre es mit einem leckeren Stück Kuchen im Café der Landbäckerei oder einem Eis im Schlosscafé? Auf jeden Fall solltest du den Abstecher hinauf zum Schloss unternehmen. Egal, ob du durch die Höfe schlenderst oder dich im Fluchtmuseum umschaust, das an die Nutzung als Kriegsgefangenenlager im 2. Weltkrieg erinnert – voller Eindrücke setzt du am Markt die Tour fort. Wir radeln nun auf bekanntem Wege 300 m zurück, biegen beim Haus Haingasse 13 rechts ins Sträßchen Am Hainberg ein und schieben bergan. Die Steigung flacht ab. Bald sind die Kliniken Zschadraß erreicht, wo wir (nur leicht links versetzt) geradewegs auf dem Sträßchen Im Park weiterradeln. Bei der Zschadraßer Hauptstraße schwenkt die Route links. Wunderbar aussichtsreich – mit Blick über die Täler beider Mulden – gelangst du nach Collmen. Du rollst durch den kleinen Ort, nimmst wieder Fahrt auf und saust steil bergab bis Podelwitz. Hier muss kurz vor der Muldebrücke der Abstecher auf der Muldengasse zum 6 / Wasserschloss unternommen werden! Dieses liegt traumhaft in einem Park zwischen alten Bäumen und einem Taubenhaus, davor der Biergarten des Restaurants Schlossgewölbe

KM 21

Etwas versteckt und leicht zu übersehen ist es schon, liegt das märchenhafte 6 / Wasserschloss Podelwitz doch in einem verträumten Park umgeben von alten Bäumen. Wie ein i-Tüpfelchen fügt sich ein Taubenhaus in das Idyll. Nicht verpassen!

< links / Wasserschloss Podelwitz ^ oben / Gasthaus in der Muldenaue in Höfgen

(www.wasserschloss-podelwitz.de) – der perfekte Ort für eine Rast. Schon Friedrich der Große hatte hier einst sein Lager aufgeschlagen.

Durch den Thümmlitzwald ins „Dorf der Sinne"

Du machst dich schließlich wieder auf den Weg, querst die Brücke über die Mulde und hältst dich danach rechts in Richtung Tanndorf. Der Hauptstraßenverlauf führt uns durch den Ort. Nach den Bahngleisen schwenkt die Route links entsprechend der Destination Seidewitz und taucht ansteigend ins dichte Grün des Thümmlitzwaldes ein. Schon nach 500 m hält sich die Tour – dem Weiser nach Kössern folgend – auf das kleine Sträßchen nach links. Auch an der Straßenkreuzung nach weiteren 2 km orientieren wir uns links nach Kössern. Du radelst aus dem Wald hinaus und überquerst gleich nach dem Ortseingang von Kössern die Vorfahrtsstraße etwas nach links versetzt ins Sträßchen Feldseite. An der Stoppstraße geht es gleich rechts auf der Förstgener Straße weiter. In Förstgen biegst du beim Gasthaus links in die Gasse Vierhäuserweg ein. Schnell bleibt der namensgebende Weiler zurück. Auf einem Radweg nimmt uns nun wieder die aussichtsreiche Muldeaue auf. Bald ist hier das malerische

ZU GUTER LETZT

Nach der Tour die Beine ausstrecken und von der Sonnenterrasse den Blick auf die Mulde genießen? Gleich bei der Hängebrücke lädt das Restaurant Raffinesse ein!

KM 17

Schloss Colditz erlebte seine dunkelsten Stunden in den Jahren des Dritten Reiches, als hier Kommunisten gefoltert und psychisch Kranke ermordet wurden. Ab 1939 diente es als Kriegsgefangenenlager vor allem für alliierte Offiziere. Legendär sind gewagte und erfolgreiche Fluchtversuche, denen ein Museum gewidmet ist.

7 / Höfgen erreicht. Auf einem Pflastersträßchen holpern wir hinab zum Gasthaus Zur Wassermühle, das verlockend an unserer Route liegt. Vom Biergarten reicht der Blick bis zur Mulde, gleich nebenan kann die mehr als 300 Jahre alte Wassermühle besichtigt werden. Auf einer kleinen Anhöhe wacht die Wehrkirche über das Idyll. Höfgen trägt sein Prädikat „Dorf der Sinne" zweifellos zu recht! Zwischen Mühle und Gasthaus führt ein Weg hinab zum Fähranleger. Kurz vor dem historischen Fährhaus biegen wir auf den Radweg in Richtung Grimma nach rechts ein. Am nahen Erlebnishotel Zur Schiffsmühle solltest du unbedingt auch einen Blick auf die Schiffsmühle werfen, die dort schwimmend am Ufer vertäut ist. Entlang der Mulde radeln wir nun zurück zur Grimmaer Hängebrücke, überqueren diese und kehren zum 1 / Bahnhof zurück.

TOURENINFO / Die Tour verläuft auf Radwegen und kleinen Landstraßen. Dabei sind einige steile An- und Abstiege zu bewältigen – deshalb ist sie eher nicht für kleine Kinder und Hänger geeignet. Stärkerer Verkehr im Stadtgebiet von Grimma. Baden kann man im Muldentalbad Kleinbothen.

< links / Schiffsmühle an der Mulde bei Höfgen ^ oben / Hochaufragend – das Schloss Colditz

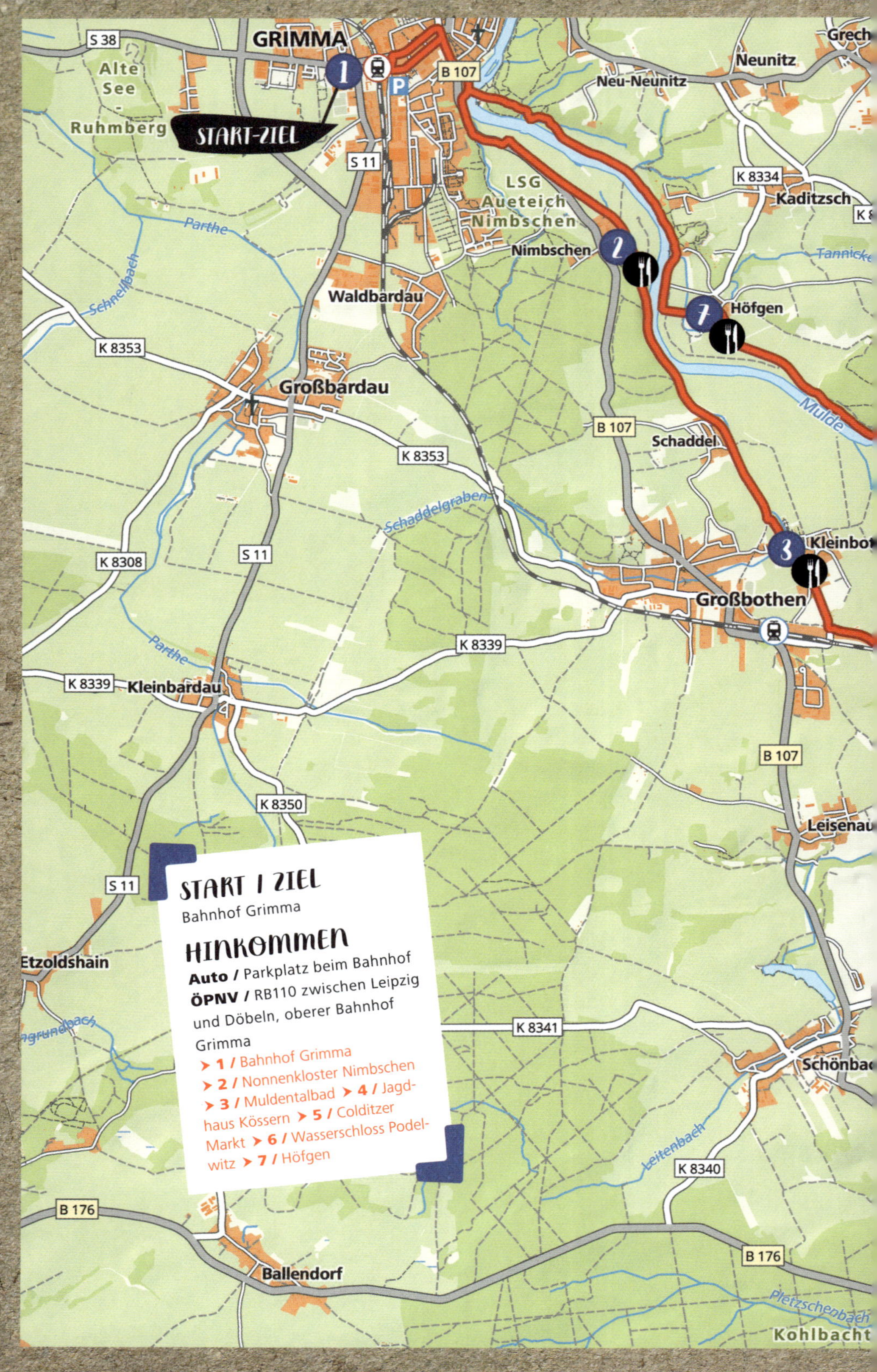

START / ZIEL
Bahnhof Grimma
HINKOMMEN
Auto / Parkplatz beim Bahnhof
ÖPNV / RB110 zwischen Leipzig und Döbeln, oberer Bahnhof Grimma
➤ 1 / Bahnhof Grimma
➤ 2 / Nonnenkloster Nimbschen
➤ 3 / Muldentalbad ➤ 4 / Jagdhaus Kössern ➤ 5 / Colditzer Markt ➤ 6 / Wasserschloss Podelwitz ➤ 7 / Höfgen
START-ZIEL
GRIMMA
Alte See - Ruhmberg
Neunitz
Neu-Neunitz
LSG Aueteich Nimbschen
Nimbschen
Kaditzsch
Höfgen
Waldbardau
Großbardau
Schaddel
Großbothen
Kleinbardau
Leisenau
Etzoldshain
Schönbach
Ballendorf
Parthe
Schnellbach
Schaddelgraben
Mulde
Leitenbach
S 38
B 107
S 11
K 8334
K 8353
K 8308
K 8339
K 8350
K 8341
K 8340
B 176

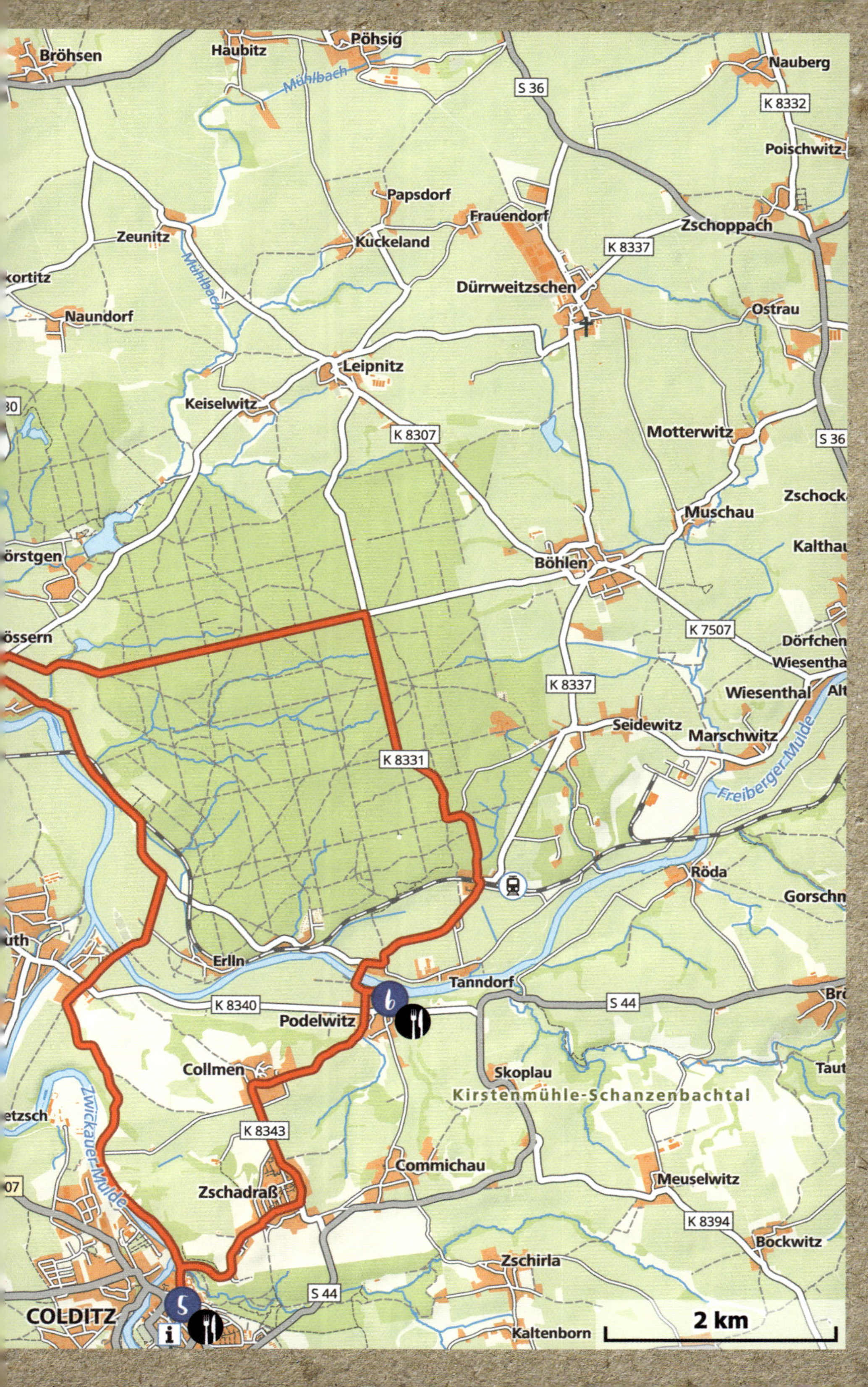
Bröhsen
Haubitz
Pöhsig
Mühlbach
Nauberg
S 36
K 8332
Poischwitz
Papsdorf
Frauendorf
Zschoppach
Zeunitz
Kuckeland
K 8337
Mühlbach
Dürrweitzschen
Ostrau
Naundorf
Leipnitz
Keiselwitz
K 8307
Motterwitz
S 36
Muschau
Böhlen
K 7507
Dörfchen
Wiesenthal
K 8337
Seidewitz
Marschwitz
Freiberger Mulde
K 8331
Röda
Erlln
Tanndorf
K 8340
Podelwitz
S 44
Collmen
Skoplau
Kirstenmühle-Schanzenbachtal
K 8343
Commichau
Zwickauer Mulde
Zschadraß
Meuselwitz
K 8394
Bockwitz
Zschirla
S 44
COLDITZ
Kaltenborn
2 km

STRANDKULTUR

Vor der Tour werfe ich immer einen Blick in den gut gefüllten Veranstaltungskalender des Biedermeier-Strandes (www.biedermeierstrand.de)!

➤ **1 /** Der Bahnhof Rackwitz ist Startpunkt und Zieleinlauf der Tour

➤ **2 /** Eine Bootspartie in der Schladitzer Bucht gleich zu Beginn?

➤ **3 /** Ab ins Wasser am Naturstrand beim Wolteritzer Strandcafé

➤ **4 /** Die Aussicht beim Unterstand am Nordufer des Werbeliner Sees genießen

➤ **5 /** Da muss der Kopf in den Nacken gelegt werden: Das Schaufelrad ist 17 m hoch

➤ **6 /** Wie wär´s mit einem hausgemachten Eis am Biedermeier-Strand

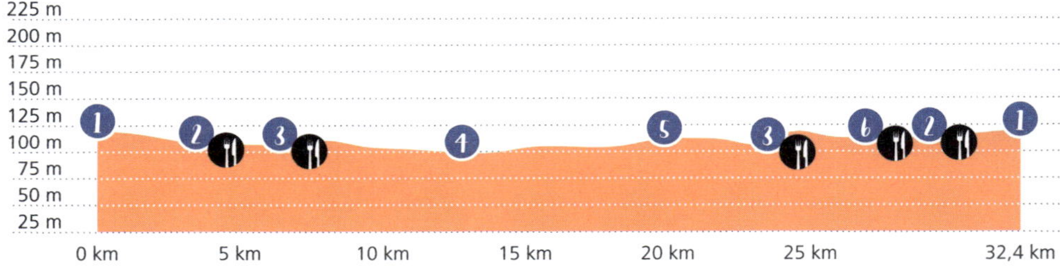

Zwillingsseen

Um den Schladitzer und den Werbeliner See

TOUR, DIE DU SO NIE GEMACHT HÄTTEST

Viele Radler peilen meist nur den gut erschlossenen Schladitzer See mit Stränden, sportivem und kulturellem Angebot an. Wesentlich spröder zeigt sich der Werbeliner See, dem seine Entstehung aus einem Tagebaurestloch noch deutlich anzusehen ist. Die ungleichen Schwestern verbindet eine spannende Tour, die du so nie gemacht hättest.

32 Kilometer
15 Höhenmeter
2:45 Stunden
Rundtour

Charakter

Sportlich	●●○○○
Abkühlung	●●●●●
Schlemmen	●●●●○
Panorama	●●●○○

Zum Strand!

Beim Parkplatz am 1 / Bahnhof Rackwitz schwingen wir uns aufs Rad und folgen der Bahnhofstraße parallel zu den Gleisen in südlicher Richtung. Am Sportplatz vorbei erreichst du die Leipziger Straße, hältst dich hier rechts und radelst unter der Bahnunterführung hindurch. Der kurvige Hauptstraßenverlauf leitet uns durch den Ort. Hinter dem Ortsausgangsschild quert die Route die Bundesstraße an der Ampelkreuzung gerade und gelangt nach Neu-Schladitz. Wir rollen bald durch aussichtsreiche Felder und Weiden. An einem großen Kreisverkehr orientiert sich die Tour an der Destination Schladitzer See und verläuft entsprechend auf dem Radweg gegenüber weiter.

‹ links / Strand am Schladitzer See

Du radelst nun geradeaus, bis dich ein Weiser nach rechts in Richtung der nur 200 m entfernten 2 / Schladitzer Bucht leitet. Eine kurze Steilabfahrt bringt uns zum Ufer des noch jungen Sees, wo wir an einer malerischen Bucht mit feinsandigem Strand abbremsen. Das Sport Resort Camp David hat eine Oase mit fast schon mediterranem Flair entstehen lassen. Langeweile kommt hier keine auf: Du kannst dich im Wind- und Kitesurfen, Segeln, Tauchen und SUP versuchen, Kinder steuern gern den Fun-Park im Wasser an. Wer dem Trubel entfliehen will, sollte sich an den Bootsverleih wenden. Nach ein paar Paddelschlägen hast du den See für dich allein und kannst dich entspannt übers Wasser treiben lassen. Chillen lässt es sich auch wunderbar im Beachclub – gut dass wir am Tourenende noch einmal hier vorbeikommen werden. Nun allerdings liegen noch einige Kilometer vor uns!

DEM TRUBEL ENTFLIEHEN

Wer die 2 / Schladitzer Bucht ruhiger genießen mag, für den ist der Bootsverleih die richtige Adresse: Einige Paddelschläge genügen – schon hast du den See für dich.

Idyll mit Geschichte

Wir radeln auf dem asphaltierten Radweg gegen den Uhrzeigersinn um den See herum und kommen – der schönen Blicke wegen – immer wieder zum Halten. Kaum vorstellbar, dass hier im Tagebau Breitenfeld noch bis 1991 Braunkohle abgebaut wurde. Ab 1999 flutete man das Tagebaurestloch – der Schladitzer See entstand. Tragisch war das Schicksal des namensgebenden Ortes Schladitz: 600 Einwohner mussten den Ort verlassen, ihre Häuser wurden abgerissen. Abgebaggert wurde die Wüstung dann allerdings nicht mehr – der Tagebau hatte seinen Betrieb zuvor eingestellt. Heute ist das Gebiet mit der blitzenden Wasserfläche ein Idyll, durch das wir zum schön gelegenen 3 / Wolteritzer Strandcafé sausen. Gemütlich kannst du hier mit einem duftenden Kaffee pausieren, auch der birkenumstandene Naturstrand verleitet zu einer längeren Rast. Wie wär's mit einem Sprung ins kühle

TOUR, DIE DU SO NIE GEMACHT HÄTTEST

➤ rechts groß / Feldlandschaft bei Rackwitz ➤ rechts klein / Schaufelrad eines Baggers am Werbeliner See

KM 20

Weithin sichtbar erinnert das gigantische 5 / Schaufelrad an den jahrzehntelangen Braunkohleabbau bei Leipzig. 17 m misst der Durchmesser des 190 t schweren Monstrums. Das Gesamtgewicht des Baggers SRs6300 – so die Fachbezeichnung – betrug 6.500 t. Die Zahl 6300 gibt übrigens den Inhalt einer einzigen Baggerschaufel in Litern an.

Vogelbeobachtung

Bis zu 10.000 Gänse überwintern auf den Seen in Leipzigs Norden, aber auch sonst sind viele Wasservögel zu beobachten – ein Fernglas leistet da gute Dienste.

Tour, die du so nie gemacht hättest

Nass? Schließlich wenden wir uns vom Gewässer ab und folgen am hiesigen Weiser der Beschilderung in Richtung Werbeliner See. Die Radroute führt am Feuerwehrhäuschen vorbei durch Wolteritz, dem das Schicksal der Abbaggerung nur knapp erspart blieb. Am Ortsausgang folgst du vorsichtig der etwas stärker befahrenen Landstraße 100 m nach links, schwenkst dann aber gleich rechts auf den Radweg ein. Am Weiser geht es geradeaus entsprechend der Destination Werbeliner See weiter. An der Verzweigung 400 m weiter halten wir uns links, während sich die Tour etwas später an der Beschilderung in Richtung Delitzsch orientiert. Gleich zeigt sich uns die weite Wasserfläche des Werbeliner Sees.

Eldorado für Wasservögel

Anders als beim benachbarten Schladitzer See steht hier der Naturschutz im Vordergrund, was in der Klassifikation des Areals als europäisches Vogelschutzgebiet seinen Ausdruck findet. Die zahlreichen Wasservögel geben dieser Initiative recht. Insbesondere im

Winterhalbjahr können hier manchmal mehr als 10.000 Saat- und Blässgänse angetroffen werden. Auf dem etwas schadhaften Asphaltbelag müssen wir die Geschwindigkeit drosseln, was uns aber mehr Zeit fürs Panorama lässt. An einem Rastplatz schweift unser Blick über die inselreiche Nordhälfte des ehemaligen Tagebaus. Am Zschortauer Abzweig steigst du schon wieder vom Rad, denn etwas abseits des Weges fällt ein Gedenkstein auf. Das Denkmal erinnert an das Dorf Werbelin, das noch 1992 der Braunkohleförderung weichen musste. Kurz nach der Umsiedlung der Einwohner und dem Abriss der Gebäude wurde der Tagebau Delitzsch-Südwest eingestellt. Wir bleiben auf dem Uferweg, wo die Route den Weisern in Richtung Delitzsch folgt. Du ignorierst bald den Abzweig nach Brodau und erreichst einige Pedaltritte weiter einen 4 / Unterstand am Nordufer des Sees. Gerade in den Abendstunden kannst du hier einen schönen Blick über das unverbaute Ufer und den sich rot färbenden Horizont genießen.

SUP

Wellenreiten, Kanusport und Ganzkörperworkout als Kombination – das ist Stand-up-Paddling, kurz SUP. Und irgendwann sollte es jeder einmal probiert haben. Warum also nicht heute? Im Sport Resort Camp David werden verschiedenste Kurse angeboten.

Vom Faustkeil zum 6.500-Tonnen-Bagger

Der Radweg nach Delitzsch verlässt bei der Schutzhütte unsere Route – der Weiser gibt uns nun die Destination Zwochau vor. Aber aufgepasst! Nach 200 m wählst du an der Asphaltweg-

< links / Radweg bei Wolteritz ^ oben / Die Schladitzer Bucht ist ein Refugium des Wassersports

gabelung die linke Variante und bleibst auch im weiteren Verlauf der Beschilderung Zwochau treu. Die Tour führt an einer Infotafel vorbei, die über steinzeitliche Funde unterrichtet. Ein ganzer Werkplatz zur Herstellung von Steinwerkzeugen ist hier ergraben worden. Am nahen Weiser ignorieren wir nun auch den nach Zwochau abzweigenden Weg und rollen stattdessen in Richtung Schaufelrad weiter. Nach 600 m folgt die Route dieser Beschilderung auf einem etwas ruppigen Radweg nach links. Auch am Querweg hältst du dich entsprechend links, radelst an einer Schutzhütte vorbei und lässt dich am Weiser zum Werbeliner See leiten. Am Fuß des bereits weithin sichtbaren 5 / Schaufelrades kommen wir zum Stehen. Unfassbare 17 m beträgt der Durchmesser des 190 t schweren Industriedenkmals. Das Rad war einst Teil des in Magdeburg produzierten Baggers SRs6300, der es auf insgesamt 6.500 t brachte. Wir steigen wieder auf unser Leichtgewichtrad und folgen dem Asphaltweg mit der Destination Werbeliner See durch die offene Landschaft. An einer Vorfahrtsstraße halten wir uns links, verlassen diese bald nach einer Linkskurve (Beschilderung) auf den Radweg nach rechts und gelangen zum uns bereits bekannten Weiser.

EIS!

Das vielleicht beste Eis in Leipzigs Norden gibt's am 6 / Biedermeier-Strand: Die Haynaer Eismanufaktur hat jede Menge klassische und ausgefallene Milcheissorten im Programm.

TOUR, DIE DU SO NIE GEMACHT HÄTTEST

KM 27

Über 160 km führt der Kohle-Dampf-Licht-Radweg von Wittenberg bis ins Neuseenland. Im einst von Braunkohleabbau und chemischer Industrie geprägten Gebiet passiert die Route spannende Zeugnisse der Industriekultur in renaturierter Landschaft. Vom 6 / Biedermeier-Strand aus können E-Biker zurück nach Leipzig radeln.

Kultur am See

Du radelst zurück nach Wolteritz und zum 3 / Wolteritzer Strandcafé. Zeit für eine Pause? Auf jeden Fall! Danach folgst du dem Uferweg um den Schladitzer See in Richtung Hayna, wobei du stets die ufernahe Radwegvariante nutzt. Deshalb biegst du später auch nicht ins Örtchen Hayna ein, sondern gelangst zum 6 / Biedermeier-Strand. Die große, überdachte Bühne am Ufer macht es deutlich – hier steht Kultur im Vordergrund. Konzerte und Theateraufführungen finden regelmäßig statt (www.biedermeierstrand.de). Und ganz nebenbei kommt am Sandstrand Urlaubsfeeling auf – am besten mit einem Eis aus der Eismanufaktur in der Hand! Wie wär´s mit den Varianten Buttermilch-Holunder oder Gurke? Auf dem Uferweg radeln wir endlich zur 2 / Schladitzer Bucht, wo wir uns entscheiden müssen: Beachclub oder 1 / Bahnhof?

TOURENINFO / Die Tour verläuft zumeist auf Radwegen, kurze Abschnitte auch auf Landstraßen. Badesachen nicht vergessen.

< links / Strand am Schladitzer See ^ oben / Naturstrand bei Wolteritz

Lissa
K 7434
Grabschützer
See
Werbeliner See
NSG
Werbeliner
See
S 2
Zwochau
Grebehna
S 1
Gerbisdorf
K 7432
S 8
Hayna

START / ZIEL
Bahnhof Rackwitz
HINKOMMEN
Auto / Parkplatz beim Bahnhof
ÖPNV / S-Bahnlinie S2 Richtung Dessau, Bahnhof Rackwitz
➤ 1 / Bahnhof Rackwitz
➤ 2 / Schladitzer Bucht ➤ 3 / Wolteritzer Strandcafé ➤ 4 / Unteritzer Strand ➤ 5 / Schaufelrad ➤ 6 / Biedermeier-Strand
START-ZIEL
rodau
S 4
Lober
B 184
Zschortau
S 7
denaundorf
Biesen
Kreuma
S 8
Lober Altlauf
Lemsel
Lober Altlauf
B 184
Lober
K 7429
teritz
chladitzer
See
Rackwitz
Lober
B 184
K 7429
Podelwitz
2 km

ENTSPANNUNG PUR

Auf einem Tagesausflug mit dem Rad kommt Urlaubsstimmung auf – wie hier am Werbeliner See auf Tour 18

WOCHENEND-BIKEAWAYS

MINI-URLAUBS-TOUREN MIT ÜBERNACHTUNG

MONIS KAFFEEGARTEN

Auf der Tour bin ich besonders gern am Wochenende unterwegs. Dann ist Monis Kaffeegarten in Predel geöffnet. Vom Kuchen bis zum Schnitzel: alles ist superlecker!

➤ **1 /** Beim Leipziger Stadthafen machen wir uns auf den Weg

➤ **2 /** Gleich zu Beginn der Tour in den Cospudener See springen

➤ **3 /** Nach dem Panoramablick ein Crêpe auf der Bistumshöhe

➤ **4 /** Die kleine Altstadt Pegaus erkunden

➤ **5 /** Am Rastplatz in der Elsteraue die Aussichtsplattform erklimmen

➤ **6 /** Einkehren in Monis Kaffeegarten

➤ **7 /** Schwankend zwischen Baumkronen – auf dem Baumwipfelpfad bei Zeitz

➤ **8 /** Relaxen im Schlosspark von Zeitz

➤ **9 /** Pausieren im Biergarten des Ossiger Raststübls

➤ **10 /** Wie wär's mit einem Eis auf dem Meuselwitzer Markt

➤ **11 /** Urlaubsfeeling am Strand des Haselbacher Sees genießen

➤ **12 /** Beim Bahnhof Regis-Breitingen steigen wir vom Rad

FLUSSIDYLL UND TAGEBAUSEEN

Von der Weißen Elster zum Haselbacher See

Die Weiße Elster begleitet uns aus Leipzig hinaus, bevor wir eine Stippvisite beim Cospudener und Zwenkauer See machen. Dann folgen wir dem idyllischen Flusstal bis Zeitz und radeln durchs Dreiländereck bis zum Haselbacher See.

Tag 1 + Tag 2
51 + 42 Kilometer
80 + 170 Höhenmeter
4 + 3:45 Stunden
Streckentour

CHARAKTER

Sportlich ●●●●○
Abkühlung ●●●●○
Schlemmen ●●●○○
Panorama ●●●●○

Auf geht's!

Wir starten beim Parkplatz des 1 / Leipziger Stadthafens, queren die Brücke des Elstermühlgrabens und folgen diesem lediglich 100 m, bevor wir links hin zur Jahnallee schwenken. Die Verkehrsachse wird an der Ampel gequert. Dann rollen wir auf dem Radweg neben der Straße nach links, passieren die Arena Leipzig und erhaschen einen Blick auf die Red Bull Arena. Vor der Straßenbrücke über das Elsterflutbecken halten wir uns 50 m rechts zum etwas versteckten Radweg hin und gelangen hinab zum breiten Uferweg. Du biegst nun links, radelst gleich am Kiosk ZierlichManierlich vorbei und passierst das historische Palmengartenwehr. Die Beschilderung des Elster-Radweges gibt uns mit der Destination Zeitz bereits unser heutiges Tagesziel vor. Entsprechend querst du die Käthe-Kollwitz-Straße, bleibst am

< links / Blick aufs Palmengartenwehr

Ufer des Flutbeckens und saust an der Sachsenbrücke vorbei, die im Sommer ein beliebter Treffpunkt für Nachtschwärmer ist. Bei der Galopprennbahn Scheibenholz nutzt du die Fußgängerbrücke, hältst dich danach links und lässt dich von den Weisern in den Wald leiten. An der Fußgängerampel geht es über den Schleußiger Weg hinweg, dann verläuft der Elster-Radweg am rechten Ufer der Weißen Elster entlang. Am Teilungswehr Großzschocher überquerst du den Fluss und radelst nun gleich über eine Bahnlinie und eine Ampel. Nach dieser biegt die Route rechts. Die Weiser nach Zeitz lenken uns bald auf den Lauerschen Weg. Mit Schwung rollst du gleich durch das Elsterflutbett und gelangst beim Weiser am Knotenpunkt 26 zum 2 / Cospudener See. Du hältst dich hier rechts und radelst an der blauen Wasserfläche entlang. Zahlreiche Badestellen verlocken zu einer Abkühlung im glasklaren Wasser – eine Rast, die man sich hier unbedingt gönnen sollte. Die Tour führt am Knotenpunkt 25 vorbei und schwenkt erst bei der Nummer 32 mit dem Flussradweg rechts in Richtung Zeitz ein. Keinesfalls solltest du hier den beschilderten Abstecher zur nahen 3 / Bistumshöhe versäumen: Die Aussicht vom Turm ist grandios und die Crêpes vom Kiosk sind vielleicht die besten der Stadt.

ZIERLICHMANIERLICH

Kaum am Elsterflutbecken angelangt, kommen wir schon zum Halten. Denn ein Stück Kuchen und ein duftender Kaffee vom Kiosk Zierlich-Manierlich sorgen für den perfekten Start.

Nach Pegau

Gestärkt sausen wir – vom Meckern der Ziegen begleitet – am Hutewald vorüber und gelangen bei Knotenpunkt 41 zu einer Vorfahrtsstraße. Du radelst rechts, unterquerst die Autobahn und folgst dann der Landstraße für etwa 1,5 km. Dann leitet dich eine gelbe Radwegbeschilderung nach Zwenkau zu einem kleinen Parkplatz links der Straße, wo du die Tour auf dem asphaltierten Radweg fortsetzt. Wir holpern bald über den von Wurzeln auf-

---

➤ **rechts groß / Die Weiße Elster nahe der Rennbahn Scheibenholz**
➤ **rechts klein / Das Elsterflutbecken bei Leipzig**

KM 3

Die Galopprennbahn Scheibenholz am Elsterflutbecken ist mit einer mehr als 150-jährigen Tradition die älteste Sportstätte in Leipzig. 1867 fand das Eröffnungsrennen statt. Und noch heute zieht die kribbelige Atmosphäre aus Renngeschehen, Wetten sowie Sehen und Gesehen-Werden Renntag für Renntag Tausende Besucher an.

ÜBER WEIDEN UND FELDER

geworfenen Belag und lassen nebenbei unseren Blick über den Zwenkauer See schweifen, der seine Entstehung einem ehemaligen Braunkohletagebau zu verdanken hat. Die beste Aussicht über die Wasserfläche bietet sich vom Panoramapunkt nahe des Knotens 61, wo du dich auch bei einem Kiosk verproviantieren kannst. Du folgst hier dem Elster-Radweg nach rechts, überschreitest die Ampel und die Elsterbrücke und biegst gleich beim Weiser 66 links auf den Radweg ein. Geradewegs surren die Pneus durch das lichte Gehölz der Flussaue, über eine kleine Straße hinweg und schließlich durch aussichtsreiche Felder. Beim Ortseingang von Wiederau leiten uns die Weiser schräg nach links versetzt über die Landstraße. Kurvenreich geht es durch die weiten Wiesen. Ein Stück begleitet uns noch der Blick auf das 1705 errichtete Schloss Wiederau. Am Weg liegt auch Sachsens ältester Rundfunksender, der stattliche 212 m hoch ist. Im idyllischen Weideroda schwenkst du links in die Ringstraße und saust durch Erdbeerfelder und Obstplantagen in Richtung Pegau. Achtung! Der Radweg führt über die kleine und unscheinbare Elstermühlgrabenbrücke in die Stadt. Die

Weiser leiten uns zum Kirchplatz mit 4 / Pegaus mächtiger Kirche St. Laurentius. Genussvoll bewundern lässt sich das Bauwerk vom Eiscafé Juli & Beere gegenüber (www.juliundbeere.de). Der Elster-Radweg überbrückt gleich aufs neue den Mühlgraben und folgt dem Poetenweg durch eine Kleingartenanlage zur größeren Leipziger Straße. Auf dieser geht es über die Brücke der Weißen Elster hinweg. Danach schwenkt die Tour sofort rechts, verläuft zunächst malerisch durch dichten Laubwald entlang des Flusses und gelangt schon bald wieder in die lichten Weiden und Felder der Elsteraue. An Gabelungen orientierst du dich stets an der Destination Zeitz und passierst so bald ein Wildgehege. Über das recht zutrauliche Dam- und Muffelwild werden sich vor allem kleine Radler freuen. Diese sind ganz bestimmt auch vom nahen 5 / Rastplatz direkt an der Elster begeistert – eine Aussichtsplattform bietet einen tollen Rundblick über das Idyll.

Vor dem Panoramaglück sind 180 Stufen zu bewältigen – dann aber liegt dir nicht nur der Cospudener See zu Füßen. Vom Turm auf der 3 / Bistumshöhe reicht der Blick vom Zwenkauer See über den Vergnügungspark Belantis bis zur aufgeforsteten Neuen Harth und der Leipziger Skyline.

Schnitzel bei Moni

Ein Heckenweg begleitet die Tour an den Ortsrand und schließlich hinein ins pittoreske Profen. Doch schnell bleibt das winzige Dorf zurück und du rollst auf dem Sträßchen Mühlende wieder ins weite Grün der Flussaue. In Predel ist an Wochenenden und Feiertagen

< links / Ausgedehnte Weiden bei Pegau ^ oben / Schloss Wiederau

ein genussvoller Stopp in 6 / Monis Kaffeegarten ein Muss. Der verführerische Duft des selbst gebackenen Kuchens lässt uns gar keine Wahl. Hier werden übrigens auch die besten Schnitzel weit und breit serviert. Gestärkt können wir uns jetzt an den hügeligen Wegverlauf durch die Dörfer Reuden und Draschwitz wagen, denen wir uns durch ausgedehnte Pferdekoppeln annähern. In Draschwitz schiebst du – so wird es vom extra aufgestellten Schild gewünscht – steil hinab zum Ortsausgang nahe der Elsterbrücke. Nach deren Querung radelst du in Flussnähe bis zum Herrenhaus Göbitz, wo an Wochenenden in wunderbar uriger Atmosphäre pausiert werden kann (www.herrenhaus-goebitz.de). Die Tour schwenkt rechts, tangiert Bornitz und nutzt beim Ortsausgang die Straßenunterführung. Gleich passieren wir unweit von Zangenberg einen kleinen, liebevoll angelegten 7 / Baumwipfelpfad. Alle Schilder weisen weiterhin nach Zeitz, das wir nun bei einer Sportanlage erreichen. Beim Kreisverkehr orientieren wir uns in die Donaliesstraße und über die steinerne Auebrücke. Der Elster-Radweg setzt sich nach der Brücke rechts fort – wir aber radeln in Richtung Innenstadt und folgen deshalb nur 120 m (!) dem Wendischen Berg, um dann ins kleine und bald steil ansteigende Sträßchen Wasserberg einzubiegen. So ge-

VOLLER AKKU

Am 4 / Pegauer Kirchplatz können E-Biker ganz entspannt ein Eis genießen und nebenbei den Akku an der Ladesäule zu Füßen der Kirche laden.

⮝ oben / Zahlreiche idyllische Dörfer liegen in der Elsteraue ➤ rechts / Laurentius-Kirche in Pegau

langen wir ins Zentrum unseres Tagesziels 8 / Zeitz, erkunden Fußgängerzone, Neu- und Altmarkt und gönnen uns erst einmal ein Eis. Keinesfalls verpassen solltest du das Schloss Moritzburg sowie den Dom St. Peter und Paul. Im Schlosspark kannst du dann den heutigen Radeltag entspannt ausklingen lassen.

Vorsicht, kreuzender Schwan!

Die zweite Etappe unserer Tour starten wir an der Auebrücke und folgen dem Elster-Radweg flussaufwärts durch den Park. Nach der Querung einer Straße setzt sich die Route auf der Elsterstraße gegenüber fort. Später radelst du auf der Albrecht- sowie der Stephanstraße und biegst von letzterer bald beschildert rechts ab. Der Asphaltweg leitet uns mit Blick auf das Südzucker-Werk aus Zeitz hinaus. Wir unterqueren bald die Bundesstraße und rollen gleich auf dem Radweg nach rechts. Nur kurz schwenkt dieser von der Landstraße weg, dann surren die Pneus wieder neben dieser. Achtung! Kurz vor Raba führt der Elster-Radweg nach rechts zu einer kleinen Brücke hin. Hier fahren wir geradeaus (!) auf der Landstraße in Richtung Raba weiter und biegen am Ortseingang sofort links auf die Dorfstraße ein. Beim Landgasthof orientierst du dich entsprechend der Destination Schneidemühle nach links. Das Sträßchen

KM 29

Seit 1175 stellt die Kirche St. Laurentius den Mittelpunkt des Städtchens 4 / Pegau dar. Der erste Bau wurde Opfer eines Stadtbrandes, weshalb heute die gotische Hallenkirche von 1463 die Stadtsilhouette prägt. Im Inneren solltest du vor allem einen Blick auf den romanischen Kenotaphen des Markgrafen Wipercht von Groitzsch werfen!

TIERE FÜTTERN

Im großzügigen **5 / Tiergehege** bei Profen lässt sich Dam-, Muffel- und Sikawild beobachten. Im Herbst freuen sich die Tiere über Kastanien, Buchecker und Eicheln.

TIERE IN WILDBAHN UND IM WILDGEHEGE

führt ansteigend zu den wenigen Häusern von Schneidemühle und hält sich hier links nach Ossig. Durch dichten Laubwald radelst du bis Ossig, wo die Route nach links in Richtung Droßdorf verläuft. Zuvor lohnt aber ein Blick auf die wuchtige Dorfkirche, neben der auch der Biergarten des 9 / Ossiger Raststübls seine Pforten geöffnet hat. Du strampelst bergan, überschreitest in Droßdorf die B 2 gerade und rollst nach Rippicha. Ein Verkehrsschild weist hier auf kreuzende Schwäne hin. Zu Recht, denn der Dorfteich ist das Refugium eines Trauerschwanpaares. Wie von selbst schnurren die Räder hinab nach Röden. Dann heißt es: Kräftiger in die Pedale treten – denn es geht wieder hinauf. Außerdem ist auf diesem Abschnitt auf den kurzzeitig stärkeren Verkehr zu achten. Bei einem Windpark auf der Anhöhe quert die Tour eine Stoppstraße und setzt sich auf dem befestigten Weg gegenüber fort. In Geußnitz biegt die Route links auf die Zeitzer Straße ein, hält sich aber bereits nach 150 m rechts in den Steinbrüchener Weg. Das winzige Steinbrüchen verlassen wir geradewegs auf einem Wirtschaftsweg.

Zum Haselbacher See!

Am traumhaft weiten Panoramablick ringsum können wir uns kaum sattsehen – gut dass wir hier eine Pause an der Bank kurz vor Würchwitz einlegen können. Durch den Ort radeln wir auf der Johann-Christian-Schubart-Straße. Erst an deren Ende biegt die Tour rechts in Richtung Spora ein. Beim Ortseingang bleiben wir der Destination Meuselwitz treu. In Meuselwitz orientierst du dich nach der Bahnunterführung rechts und hältst dich dann gleich links in den Penkwitzer Weg. Du folgst der Verkehrsführung zum 10 / Markt, der von der Martinskirche und dem neugotischen Rathaus dominiert wird. Eine Pause gefällig? Das Eiscafé Milano liegt direkt am Weg! Vom Markt radeln wir neben der Altenburger Straße nach links in Richtung Lucka, biegen aber schon nach 300 m rechts ins Sträßchen An der Schnauderaue ein. Allerdings leiten uns bereits nach 100 m die Radwegweiser auf den Schnauderhainichener Weg, der uns geradewegs – an Spielplatz und Gartensparte vorbei – aus Meuselwitz hinausführt. Nach der Unterquerung der alten Kohlebahnbrücke – auf der Strecke verkehrt noch eine Museumsbahn zwischen Meuselwitz und Regis-Breitingen (www.kohlebahnen.de) – nutzen wir das Brückchen links über den

< links / Radweg mit Fernblick bei Würchwitz ^ oben / Die Kirche in Ossig

EHR-WÜRDIG

Beim Schloss Moritzburg in 8 / Zeitz befindet sich der Dom St. Peter und Paul. Dessen bauliche Ursprünge gehen auf das 11. Jahrhundert zurück. So gilt die Krypta mit den Begräbnissen der Fürsten von Sachsen-Zeitz als eine der ältesten deutschen Hallenkrypten.

KM 51

Unbedingt einen Besuch wert sind das Schloss und der Schlosspark von 8 / Zeitz. Das von Wehranlagen umgebene Schloss kann mit einer Reihe spannender Ausstellungen punkten. Highlight des weitläufigen Parkgeländes ist der Japanische Garten, der eigens von Baumeistern aus dem Land der aufgehenden Sonne angelegt wurde.

Bach und gelangen nach Schnauderhainichen. An der Straße der Einheit hält sich die Route rechts und schwenkt schon nach 500 m beschildert erneut rechts in den Heukendorfer Weg ein. Bald queren wir die Gleise der Kohlebahn und biegen nur 15 m weiter links auf den Feldweg nach Wintersdorf ein. Du bleibst auf dem schmalen Pfad neben der Bahnstrecke (eventuell müssen hier ein paar Meter geschoben werden), querst noch einmal die Gleise und gelangst vorbei an Pferdekoppeln nach Wintersdorf. Du orientierst dich zur Kirche hin, folgst links von dieser der schmalen Kirchgasse und überschreitest die Durchgangsstraße. Schräg gegenüber verläuft die Tour auf der Augasse und der Bonhoeffer Straße, die uns zur Gröbaer Straße bringen. Auf der Breitinger Straße verlassen wir den Ort in Richtung Ramsdorf. Wir tauchen in den dichten Kammerforst ein und fahren geradewegs durch den Wald. Achtung! In einer scharfen Linkskurve unseres Sträßchens radeln wir geradeaus (!) auf dem Waldweg weiter. Nach wenigen Metern rollst du auf Rampen hinab zum Ufer des 11 / Haselbacher Sees. Auf dem befestigten Weg unterhalb der Rampe rollen wir nach rechts, passieren den Kiosk Zur Kreuzotter und einen kleinen Strand – perfekt für eine Erfrischung so kurz vor dem Tourenende! Die bald einsetzende Radwegbeschilderung weist uns die Destination Haselbach. Wir passieren zwei Schranken, erreichen ein Asphaltsträßchen und orientieren uns hier links. Du ignorierst gleich die abbiegende Radroute, bleibst auf dem Asphaltweg und gelangst zu einer Vorfahrtsstraße. An dieser schwenkt die Tour rechts, erreicht gleich Regis-Breitingen und steuert dort den 12 / Bahnhof an.

GANZ IN SCHWARZ

In Rippicha weist ein Verkehrsschild auf die die Straße kreuzenden Schwäne hin. Die Warnung gilt dem Schutz des Trauerschwanpaares, das auf dem Dorfteich seine Runden dreht.

TOURENINFO / Bis Zeitz verläuft die Route auf dem gut ausgebauten Elster-Radweg. Zwischen Zeitz und Regis-Breitingen sind wir zumeist auf kleinen Landstraßen mit einigen Steigungen und Gefällen unterwegs. Auf kurzen Abschnitten kann mäßiger Verkehr auftreten. Badesachen einpacken!

◂ links groß / Das Rathaus von Meuselwitz ◂ links klein / Der Schwanenteich in Rippicha

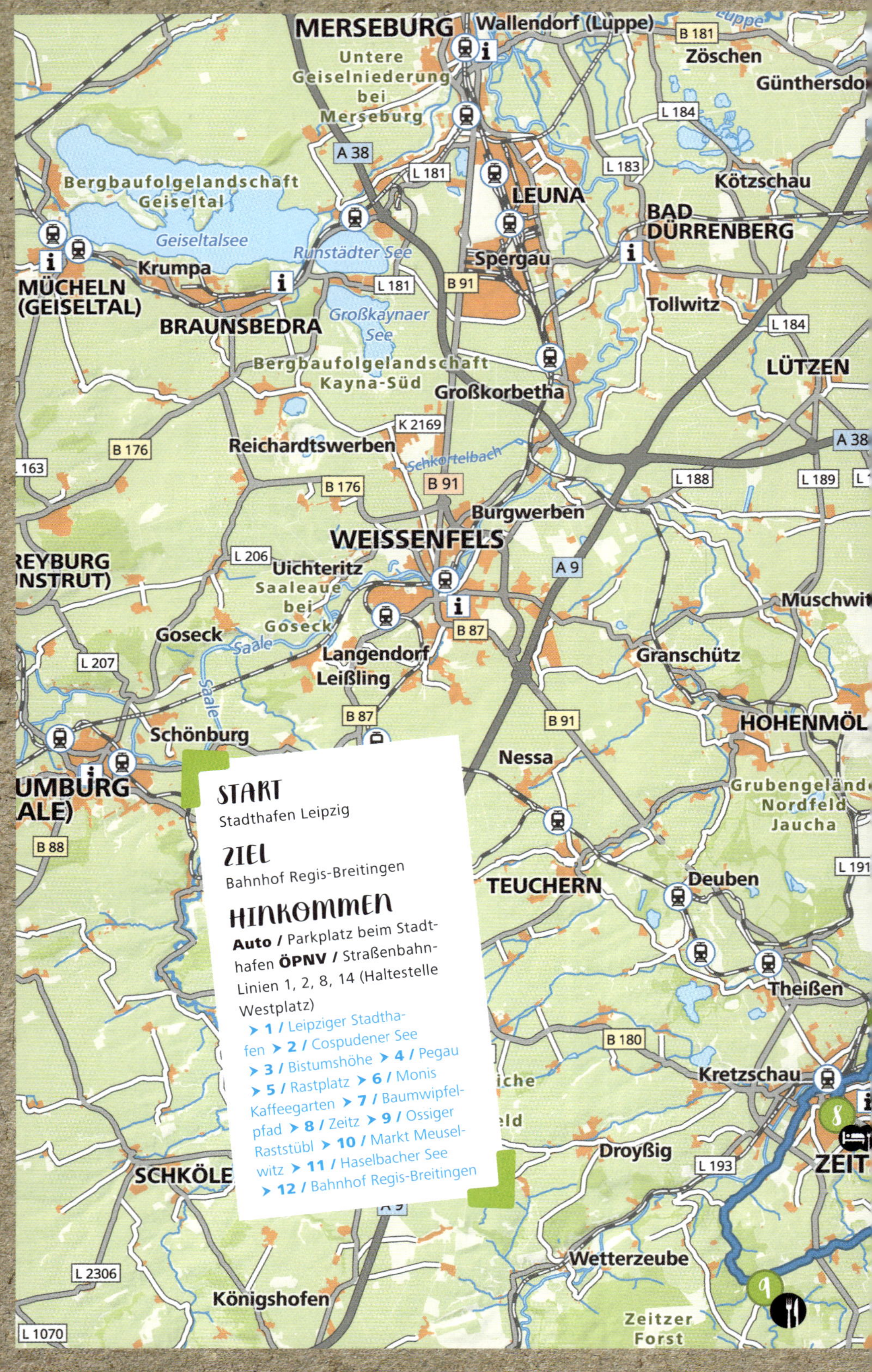

START

Stadthafen Leipzig

ZIEL

Bahnhof Regis-Breitingen

HINKOMMEN

Auto / Parkplatz beim Stadthafen **ÖPNV /** Straßenbahn-Linien 1, 2, 8, 14 (Haltestelle Westplatz)

➤ **1** / Leipziger Stadthafen ➤ **2** / Cospudener See ➤ **3** / Bistumshöhe ➤ **4** / Pegau ➤ **5** / Rastplatz ➤ **6** / Monis Kaffeegarten ➤ **7** / Baumwipfelpfad ➤ **8** / Zeitz ➤ **9** / Ossiger Raststübl ➤ **10** / Markt Meuselwitz ➤ **11** / Haselbacher See ➤ **12** / Bahnhof Regis-Breitingen

START
ZIEL
LEIPZIG
Borsdorf
BRANDIS
A 14
B 2
Kulkwitzer See
MARKKLEEBERG
NAUNHOF
A 38
S 46
K 7923
Großpösna
B 186
Cospudener See
Markkleeberger See
S 242
Zwenkauer See
Störmthaler See
Belgershain
Rohrbacher Teiche
ZWENKAU
Weiße Elster
Elsteraue bei Zwenkau
Kitzen
Otterwisch
BÖHLEN
Pleiße
RÖTHA
B 95
Gösel
Imnitzer Lachen
A 72
Hainer See
Haubitzer See
KITZSCHER
Jordanbach
PEGAU
GROITZSCH
Neukieritzsch
Pleiße
Speicherbecken Witznitz
Eula
Pfarrholz Groitzsch
Großstolpener See
Lobstädt
Bockwitzer See
BORNA
Bockwitz
Speicherbecken Borna
Deutzen
Groitzscher See
S 50
LUCKA
Haselbacher See
REGIS-BREITINGEN
A 72
L 1361
FROHBURG
Rehmsdorf
Eschefelder Teiche
MEUSELWITZ
Wintersdorf
L 1355
L 2174
B 180
B 7
Kriebitzsch
Hinteres Stöckigt
Rositz
B 93
Windischleuba
Restloch Zechau
B 180
B 7;B 93;B 180
ALTENBURG
Talsperre Schömbach
Kayna
Starkenberg
L 196
5 km

Lorenzmarkt

Besonders spannend ist die Tour in der Zeit um den Laurentiustag im August – dann findet auf den Elbwiesen von Lorenzkirch ein großer Jahrmarkt statt.

➤ **1 /** Beim Bahnhof von Riesa beginnt und endet die Tour

➤ **2 /** Durchs traditionsreiche Lorenzkirch spazieren

➤ **3 /** Im Propsteihaus in Mühlberg uralte Wandmalereien bestaunen

➤ **4 /** Dem Schloss von Martinskirchen einen Besuch abstatten

➤ **5 /** Am Torgauer Markt eine Erkundung der alten Residenzstadt starten

➤ **6 /** In Bennewitz einen Abstecher zum Fahrradmuseum machen

➤ **7 /** Deutschlands erste Fahrradkirche in Weßnig besuchen

➤ **8 /** Zum 5 m hohen Roland von Belgern aufblicken

➤ **9 /** Im Herbst dem Konzert unzähliger Gänse beim Rastplatz Liebersee zuhören

➤ **10 /** Wo schon Elbnixen gesichtet wurden – am Nixstein in Strehla

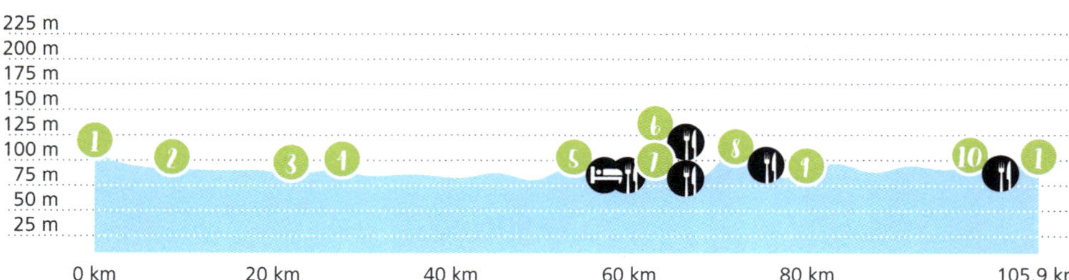

ELBAUF, ELBAB

Beiderseits der Elbe zwischen Riesa und Torgau

Beiderseits der Elbe radeln wir durch die idyllische Landschaft der Elbaue. Mit Torgau liegt eine der schönsten Renaissance-Städte Deutschlands auf unserer Route. Mächtig thront hier Schloss Hartenfels über dem Flusstal.

Tag 1 + Tag 2
54 + 52 Kilometer
20 + 50 Höhenmeter
4:30 + 4:15 Stunden
Rundtour

CHARAKTER
Sportlich ●●●●○
Abkühlung ●●○○○
Schlemmen ●●●○○
Panorama ●●●●○

Zum Elbe-Radweg!
Beim 1 / Bahnhof von Riesa schwingen wir uns aufs Rad, folgen der Bahnhofstraße vorbei am Busbahnhof zur Elbbrücke und überqueren diese auf dem Radweg links der Straße. Sofort nach der Brücke schwenkst du beschildert links in Richtung Kreinitz ein. Gleich radelst du entlang der träge strömenden Elbe, wo unser am Elbe-Radweg gelegenes Tagesziel Torgau bereits ausgewiesen ist. Die engmaschige Beschilderung leitet uns an den Ortsrändern von Bobersen und Gohlis vorbei. Vor allem in den frühen Morgenstunden, wenn über dem Fluss noch die Nebel tanzen und der Ruf der Reiher durchs Tal schallt, ist das Radeln hier ein unvergessliches Naturerlebnis. In 2 / Lorenzkirch kommen wir am historischen Fähranleger und an der schönen Kirche St. Laurentius vorüber. Wirft man einen Blick auf die Ap-

---

< links / Frostige Morgenstimmung in der Elbaue bei Riesa

sis des Baus, dann lässt sich unter dem Dach sogar ein schlichter romanischer Fries entdecken! In den vergangenen Jahrhunderten sind Ort und Kirche häufig vom Hochwasser heimgesucht worden, gilt Lorenzkirch doch als die am tiefsten gelegene Siedlung Sachsens. Zu Recht wurde es 2012 aber auch zu einem der schönsten Dörfer des Bundeslandes gekürt. Beim Blick über die Elbe hinweg auf die Altstadtsilhouette Strehlas fallen auf den Elbwiesen Masten auf – hier findet alljährlich im Sommer um den Laurentiustag der traditionsreiche Lorenzmarkt statt.

Geschichtsträchtiger Boden

Der Elbe-Radweg führt dich nun vorbei am winzigen Cottewitz und durch ausgedehnte Wiesen und Felder bis nach Kreinitz, das zu Füßen des weithin sichtbaren Turmes der neugotischen Kirche St. Katharina liegt. Bekannt ist der Ort vor allem für das erste Zusammentreffen sowjetischer und amerikanischer Truppenverbände am 25.04.1945, womit die allerletzten Tage des Zweiten Weltkrieges eingeläutet wurden. Lust auf eine Pause? Unser Weg passiert hier das gemütliche Radlerstübl! Auch im lichten Wäldchen hinter Kreinitz lässt es sich auf einem Rastplatz entspannt pausieren. Bei den malerisch gelegenen Gaitzschhäusern bietet sich wieder ein grandioser Blick über die Elbe, bevor wir kurz vor Borschütz bei einem Gedenkstein am Ort des Elbüberganges einer preußischen Armee im Jahre 1866 ebenfalls einen Rastplatz vorfinden. Entlang des Elbdeiches geht es – begleitet vom Blöken der hier meist weidenden Schafherde – aus Borschütz hinaus. Deine Räder sausen über besten Asphalt bis 3 / Mühlberg, wo du dann allerdings über das Straßenpflaster zum Neustädter Markt mit der Frauenkirche und dem schönen Rathaus holperst. Wirf ruhig einen Blick auf dessen Ostgiebel mit seiner reichen Maßwerkverzierung.

BOMÄTSCHER

Die Bomätscher zogen mit Waren beladene Elbkähne an Gurten stromaufwärts bis nach Dresden. Die dadurch entstandenen Treidelpfade sind teilweise noch heute sichtbar.

➤ rechts groß / Das Rathaus auf dem Neumarkt in Mühlberg ➤ rechts klein / Bei den Gaitzschhäusern

KM 21

Nahe bei 3 / Mühlberg fand am 24. April 1547 eine Schlacht statt, die europäische Geschichte schrieb: Das Heer der katholischen Allianz unter der Führung von Kaiser Karl V. traf auf die Armee des protestantischen Schmalkaldischen Bundes. Über die Auseinandersetzung und ihre Folgen erzählt spannend das Museum Mühlberg 1547.

SÜHNEKREUZ

Das **Martinskirchener Sühnekreuz** stammt aus den Jahren nach dem Dreißigjährigen Krieg – ein Bauer soll von einem Verwandten aus Habgier erschlagen worden sein.

Nicht verpassen solltest du das dicht am Radweg gelegene Museum im Propsteihaus des ehemaligen Zisterzienserinnenklosters Marienstern. Hier wird die spannende Geschichte der Schlacht bei Mühlberg im Jahre 1547 erzählt. Schon allein das Bauwerk selbst ist wegen seiner tollen Wandmalereien aus der Renaissancezeit ein Muss!

VON SCHLOSS ZU SCHLOSS

Zwei Schlösser und ein Mekka sächsischer Pferdezüchter

Beim Weiser am Knotenpunkt 94 fährst du nun in Richtung Martinskirchen weiter und unterquerst die Landstraße. Auch beim Knotenpunkt 93 behalten wir die Destination bei, nähern uns der Elbe an und erreichen auf recht holprigem Untergrund 4 / Martinskirchen. Auf der Hauptstraße geht es – vorbei am sehenswerten Barockschloss aus dem 18. Jahrhundert – durch den Ort. Die Route

gelangt zur 1253 geweihten Kirche, neben der im Schatten der mächtigen Eiche ein Sühnekreuz zu entdecken ist. Der Weiser 91 gibt dir die Richtung Altbelgern vor, dem du dich gebremst durchs Straßenpflaster näherst. Durchs nahe Stehla radelst du dann auf der Durchgangsstraße und biegst an der Landstraßenkreuzung circa 1 km nach dem Ortsausgang rechts in Richtung Tauschwitz und Belgern ein. Geradewegs führt das Landsträßchen bis zum Fähranleger Belgern. Hier schwenkt die Tour allerdings entsprechend der Destination Torgau rechts ein. Einen kurzen Blick sollten wir aber schon über die Elbe werfen, denn dort dominieren die Türme und Dächer der Rolandstadt Belgern die Szenerie. Dieses kleinstädtische Highlight heben wir uns für später auf und radeln nun – flankiert von uralten, knorrigen Weiden – bis nach Köllitsch. Circa 1,3 km hinter dem Ort, der für sein landwirtschaftliches Versuchsgut bekannt ist, leitet uns der Elbe-Radweg links auf einen befestigten Weg nach Pülswerda. Am Ufer eines Altarms verläuft die Route durch ein traumhaftes Naturidyll, an dem man sich kaum sattsehen mag – allerdings sollte auch der Weg mit seinen zahlreichen Schlaglöchern nicht aus den Augen verloren werden. Pülswerda wird bei einer eindrucksvollen Schlossanlage erreicht, die heute

2 JAHRE

Das Barockschloss 4 / Martinskirchen wurde 1754 in nur zwei Jahren erbaut. Besitzer des Jagd- und Lustschlosses war der Obersteuereinnehmer Graf von Brühl. Die Wirren des wenig später ausgebrochenen Siebenjährigen Krieges verursachten allerdings zahlreiche Besitzerwechsel.

< links / Barockschloss in Martinskirchen ^ oben / Das Schloss Pülswerda ist heute ein Hotel

als Hotel genutzt wird. Am Schlosspark hat womöglich der skandalumwitterte Großmeister der Gartenbaukunst – Fürst Hermann von Pückler-Muskau – selbst mit Hand angelegt. Unser Radweg folgt der Destination Torgau, führt bald durch Baumalleen und erreicht Graditz, wo die Durchgangsstraße überquert wird. Danach achten wir auf die Beschilderung und kommen gleich am Mekka der sächsischen Pferdezucht – dem Hauptgestüt Graditz – vorbei. Riesige Koppeln mit großen Pferdeherden begleiten uns aus dem Ort hinaus.

ENTSPANNUNG PUR!

Die Waden könnten ein heißes Bad oder einen Saunagang vertragen? Im Aquavita Sport- und Freizeitbad gibt's verschiedene beheizte Becken und eine Saunalandschaft (www.aquavita-torgau.de)!

Stadt der Renaissance

Bei einem Getreidelager schwenkt die Route links und führt bald auf der B 183 durch Werdau. Am Ortsausgang leiten die Weiser nach links. Gleich kommen wir vor der Torgauer Elbbrücke zum Halten, denn vor unseren Augen baut sich das mächtige Schloss Hartenfels auf – was für ein Blick! Du radelst über die Brücke und sparst dir am Weiser an der anderen Elbseite die Destination Riesa für den folgenden Tag auf. Denn nun orientieren wir uns in Richtung Zentrum und radeln

⮝ oben / Schloss Hartenfels am Elbufer in Torgau ➤ rechts / Auf dem Markt in Torgau

auf Elb- und Schloßstraße vorbei am Eingang des Schlosses zum 5 / Torgauer Markt. Dieser macht Torgaus Ruf als Stadt der Renaissance alle Ehre – auch das Rathaus ist ein Schmuckstück der Epoche. Nach einer Stärkung – zu verführerisch duftet es aus dem Bäckereicafé nach frischem Kuchen – machen wir uns an die Erkundung der ehemaligen Residenzstadt der sächsischen Kurfürsten und fangen am besten beim Schloss an. Ausklingen lassen können wir den Tag mit einem Spaziergang an der Elbe.

Zurück durch die weite Elbaue

Den Rückweg treten wir schließlich beim Weiser unterhalb der Elbbrücke an. Wir orientieren uns an der Destination Riesa und gelangen auf dem bestens präparierten Radweg rechts der Elbe schnell aus der Stadt. Die Weiser des Elbe-Radweges leiten dich bald – einmal rechts, einmal links – durch Loßwig und gleich über die Bundesstraße hinweg. Am Ufer des Königsteichs erreichst du 6 / Bennewitz, wo der Kurzabstecher zur Gastwirtschaft Zur Schmiede eine gute Option ist – schließlich erwartet dich hier auch ein liebevoll eingerichtetes Fahrradmuseum (www.gastwirtschaft-zur-schmiede.de). Die Weiser in Richtung Riesa führen uns dann nach 7 / Weßnig. Und wieder liegt hier ein Bier-

KM 54

5 / Torgau hat sich als kursächsische Residenz viele Bauten des 16. Jahrhunderts bewahren können und gehört zu den schönsten Renaissance-Städten Deutschlands. Erkunden lassen sich die Gassen zwischen Markt und Schloss am besten individuell mit einem Audioguide – dieser kann in der Touristeninformation (Markt 1) ausgeliehen werden.

Fernglas ins Gepäck!

Bis 2028 wird am **9 / Liebersee** noch Kiessand abgebaut. Der See ist aber schon heute ein Refugium zahlloser Zugvögel – vom Rastplatz ist das Spektakel gut zu beobachten.

garten – diesmal der des Gasthofs Zur Elbaue – verlockend am Wege! Besuchenswert ist auch die kleine, barocke Kirche des Dorfes, die als erste deutsche Radfahrerkirche in die Annalen eingegangen ist. Weite Felder und ein (hoffentlich) stahlblauer Himmel begleiten uns nach Kranichau, wo die Route nach einem kurzen Intermezzo auf der Dorfstraße erneut auf einen Radweg abzweigt. Die Pneus surren durch die aussichtsreiche Elbniederung, über uns ziehen Bussarde majestätisch ihre Kreise. Ein kurzes Stück hinter Döbelitz kann das Panorama über das Flusstal von einem schönen Rastplatz neben dem Deich genossen werden. Danach erwartet dich der einzige (kurze) Anstieg der gesamten Tour. Wenige Meter strampelst du bergan, dafür saust du dann beim Ortsrand von Belgern wieder recht steil hinab zum Elbufer. Eine Baumallee führt uns nun zum Fähranleger. Wunderbar kann man sich hier am Blick auf

Rast mit Flussblick

den mächtigen Strom von der Terrasse des Restaurants Fährdiele erfreuen – der perfekte Platz für eine Rast!

Von Belgerns Roland zu den Nixen der Elbe

Direkt gegenüber solltest du den kurzen Fußweg hinauf zum Markt von 8 / Belgern nicht scheuen – vor dem Rathaus werden Besucher seit 1610 von einer mehr als 5 m hohen Rolandsfigur begrüßt. Am Elbufer radeln wir schließlich auf unserem Radweg weiter und passieren auf einem Landsträßchen das winzige Ammelgoßwitz. Kurz vor Dröschkau kommen wir an einigen idyllisch gelegenen Fischteichen vorüber. Im Ort selbst beeindruckt das wuchtige Gebäude des Rittergutes, das heute ein Hotel, eine Gaststätte und einen schönen Biergarten beherbergt (www.rittergut-droeschkau.de). Nach Verlassen des Dorfes radelst du am Liebersee – Teil einer noch bis 2028 in Betrieb befindlichen Kiesgrube – entlang. Vor allem während der Zeit des Vogelzuges im Herbst wird das Gewässer unüberhörbar ein Refugium zahlloser Gänse. Dann solltest du das ohrenbetäubende Geschnatter am schön angelegten 9 / Rastplatz eine Weile auf dich wirken lassen. Entlang der Uferlinie erreicht unsere Route bald Plotha und überquert die B 182 gerade. Der Radweg gegenüber leitet uns nach Seydewitz, wo die Tour ein Stück auf der Bundesstraße verläuft. Erst am Ortsausgang können wir

DIE ERSTE

1970 war das Bauwerk eigentlich aufgegeben worden. Doch mit viel Engagement konnte die Kirche schließlich gerettet und saniert werden. Im Sommer 2003 folgte dann die Eröffnung als erste deutsche Radfahrerkirche. Direkt am Elbe-Radweg lädt sie in Weßnig zum Verweilen ein.

‹ links / Erste deutsche Radfahrerkirche in Weßnig ^ oben / Über 5 m hoch – die Rolandfigur in Belgern

KM 61

Mutige dürfen sich bei einer Fahrt auf dem Hochrad ausprobieren! Oder du schaust dir ganz risikofrei lediglich die spannende Fahrradausstellung im 6 / Bennewitzer Gasthof Zur Schmiede an. Und danach machst du es dir ganz entspannt im Biergarten gemütlich (www.gastwirtschaft-zur-schmiede.de).

wieder auf den Radweg ausweichen. Bei den ersten Häusern von Außig nutzen wir dann ein von mächtigen Pappeln und knorrigen Weiden gesäumtes Fahrradsträßchen, auf dem die Tour durch ausgedehnte Maisfelder bis nach Schirmenitz führt. Auf der B 182 geht es durch das Dorf, doch schon 500 m nach dem Ortsausgangsschild lässt du dich von der Beschilderung nach links in Richtung Paußnitz leiten. Aus Paußnitz hinaus führt dich dann die Lößniger Straße. Kurz vor dem gleichnamigen Ort orientiert sich der Elbe-Radweg rechts und schwenkt später links in Richtung Strehla ein. Die Räder surren gleich durch Görzig und hin zu einem malerisch inmitten von Weiden gelegenen Rastplatz. Wir radeln nun dicht am Elbufer, halten Ausschau nach den hier hin und wieder schon gesichteten Elbnixen und passieren das traumhaft gelegene Gasthaus Zum Nixstein, wo du dich an kühlen Abenden am Außenkamin im Biergarten beim knisternden Feuer niederlassen kannst (www.gasthaus-nixstein.de). Nur ein paar Pedaltritte sind es nun noch bis zum eindrucksvollen Denkmal beim Fähranleger 10 / Strehla. Es erinnert an das erste Zusammentreffen sowjetischer und amerikanischer Soldaten im April 1945. Etwas oberhalb der Gedenkstätte verläuft unser Radweg nun über Oppitzsch und den Riesaer Stadtteil Gröba zurück nach Riesa. 100 m vor der Bahnbrücke über die Elbe biegen wir beim Backsteinhäuschen der Hydrologischen Messstelle rechts auf den unmarkierten, ansteigenden Radweg ein. Etwas oberhalb überschreitet die Route die nahe Straße und unterquert die Bahnstrecke. Der Radweg führt nun gleich zurück zum 1 / Bahnhof, wo wir vom Rad steigen.

ELBBLICK

Das Beste zum Schluss: Kurz vor dem Tourenende lädt der idyllische Biergarten des Gasthauses Zum Nixstein zu einer Rast mit wunderbarem Elbblick ein. Nicht verpassen!

TOURENINFO / Die Tour verläuft überwiegend auf gut ausgebauten Radwegen und kleinen Straßen. Bei Ortsdurchfahrten kann stärkerer Verkehr auftreten. Kurze Wegabschnitte auf unbefestigtem Untergrund.

< links groß / Elbaue bei Mühlberg < links klein / Pferdekoppeln sind ein häufiger Anblick am Elbe-Radweg

START | ZIEL
Bahnhof Riesa
HINKOMMEN
Auto / Parkplatz beim Bahnhof
ÖPNV / RE 50 von Leipzig nach Dresden, Bahnhof Riesa
➤ 1 / Bahnhof Riesa ➤ 2 / Lorenzkirch ➤ 3 / Mühlberg ➤ 4 / Martinskirchen ➤ 5 / Torgauer Markt ➤ 6 / Bennewitz ➤ 7 / Weßnig ➤ 8 / Belgern ➤ 9 / Rastplatz Liebersee ➤ 10 / Strehla
Zinna
B 183
Großwig
Süptitz
TORGAU
B 87
Beilrode
Werdau
S 25
B 183
Graditz
Neusorge
Prausitz
Dübener Heide
Großer Teich
Großer Teich Torgau
B 87
Loßwig
Triestewitz
Nichtewitz
Pülswerda
Kathewitz
Melpitz
Kunzwerda
B 182
Weßnig
Alte Elbe Kathewitz
Klitzschen
S 23
S 24
Kalter Bach
Heidelbach
Bennewitz
Mehderitzsch
Döbeltitz
Beckwitz
Staupitz
Mahitzschen
BELGERN
Elsbach
Blankenau
Taura
Neumühle
Probsthain
Puschwitz
S 30
Kurzwalde
S 16
Schildau
Neußen
Schilderhain
Sitzenroda
Kaisa
Lausa
S 30
5 Hügelgräber
Bockwitz
S 23
Reudnitz
Reudnitz
Olganitz
Treptitz
Frauwa
Falkenhain
Schöna
Zeuckritz
Bucha
Cavertitz
Heyda
Buchaer Bach
Sörnewitz
DAHLEN
Dornreichenbach
Malsen
S 27
Lampertswalde
Meltewitz
Leisnitz
Mark Schönstädt
S 29
Langes Holz
Kleinböhla
Wellerswalde
Großböhla
Radeland
Luppa
B 6
Luppa
Malkwitz
Kötitz
S 30
Calbitz
Neuböhla
B 6
S 24
Merkwitz
Zschöllau
OSCHATZ

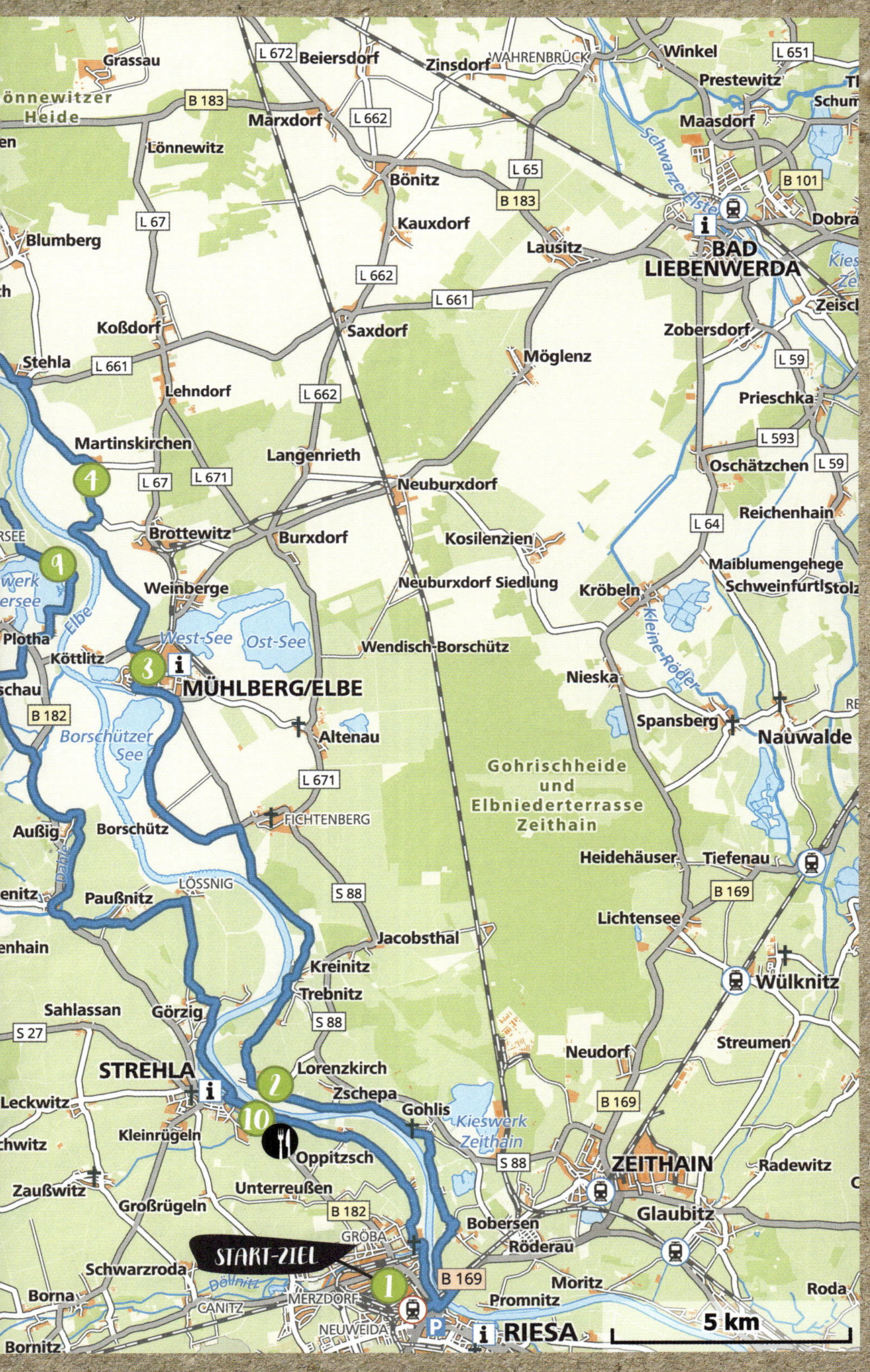

Grassau
Beiersdorf
Zinsdorf
WAHRENBRÜCK
Winkel
Prestewitz
Schum
Maasdorf
Marxdorf
Lönnewitz
Bönitz
Kauxdorf
Lausitz
BAD LIEBENWERDA
Dobra
Blumberg
Koßdorf
Saxdorf
Zobersdorf
Möglenz
Stehla
Lehndorf
Prieschka
Martinskirchen
Langenrieth
Neuburxdorf
Oschätzchen
Reichenhain
Brottewitz
Burxdorf
Kosilenzien
Maiblumengehege
Schweinfurth
Weinberge
Neuburxdorf Siedlung
Kröbeln
West-See
Ost-See
Plotha
Elbe
Köttlitz
Wendisch-Borschütz
Kleine Röder
MÜHLBERG/ELBE
Nieska
Spansberg
Nauwalde
Borschützer See
Altenau
Gohrischheide und Elbniederterrasse Zeithain
FICHTENBERG
Außig
Borschütz
Heidehäuser
Tiefenau
LÖSSNIG
Paußnitz
Lichtensee
Jacobsthal
Kreinitz
Trebnitz
Wülknitz
Sahlassan
Görzig
Streumen
Neudorf
STREHLA
Lorenzkirch
Zschepa
Leckwitz
Gohlis
Kieswerk Zeithain
Kleinrügeln
Oppitzsch
ZEITHAIN
Radewitz
Zaußwitz
Unterreußen
Großrügeln
Glaubitz
GRÖBA
Bobersen
START-ZIEL
Röderau
Schwarzroda
Moritz
Borna
Döllnitz
MERZDORF
Promnitz
Roda
CANITZ
NEUWEIDA
RIESA
5 km
Bornitz
L 672
L 651
B 183
L 662
L 65
B 101
L 67
L 661
L 59
L 593
L 671
L 64
B 182
S 88
B 169
S 27
1
2
3
4
9
10

FISCHBRÖTCHEN

Die vielleicht leckersten Fischbrötchen Leipzigs gibt's am Imbiss an der Strandpromenade des Markkleeberger Sees. Perfekt als Stärkung für die Tour!

> 1 / Beim Bahnhof Markkleeberg starten und beenden wir die Tour

> 2 / Boot ausleihen, baden, flanieren? Alles möglich an der Seepromenade des Markkleeberger Sees

> 3 / Die schwimmende Insel Vineta im Blick – vom Panoramapunkt am Störmthaler See

> 4 / 2010 geboren und schon einer der Großen der Leipziger Gewässer – der Hainer See

> 5 / Am Markt von Borna die Tagesetappe mit einem Eis ausklingen lassen

> 6 / Am Strand des Haselbacher Sees ins Wasser hüpfen

> 7 / Auf der Liegewiese des Großstolpener Sees die Beine ausstrecken

> 8 / Die historischen Hausfassaden am Markt von Groitzsch bewundern

> 9 / Vom Kirchplatz in Pegau aus die kleine Altstadt erkunden

> 10 / Das maritime Flair von Kap Zwenkau genießen

> 11 / Am Trianon des ehemaligen Rittergutes Eythra eine Pause einlegen

> 12 / Hinauf auf den Aussichtsturm auf der Bistumshöhe!

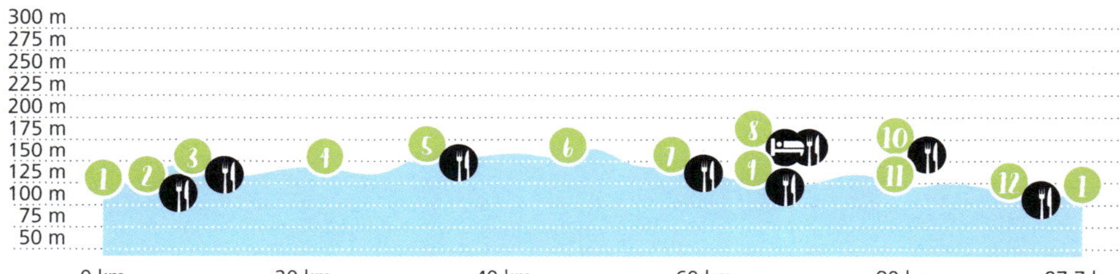

AUF IN DEN SÜDEN!

Auf der Neuseenlandradroute
durch Leipzigs Seenplatte

TOUR, DIE DU SO NIE GEMACHT HÄTTEST

Die Neuseenlandradroute erkundet eine im Wandel begriffene Landschaft, denn die Renaturierung ehemaliger Tagebaurestlöcher ließ hier zahlreiche Gewässer entstehen. Auch wenn dies vielleicht nach einer Tour klingt, die man so nie gemacht hätte – die Wasserflächen sind nach und nach zu einer Seenplatte zusammenwachsen und durch zahlreiche Radwege erschlossen. Es wird eine spannende Tour!

Tag 1 + Tag 2
62 + 36 Kilometer
125 + 35 Höhenmeter
5:15 + 3 Stunden
Rundtour

Auf zur Seentour

Beim 1 / Bahnhof Markkleeberg steigen wir aufs Rad und orientieren uns am Radweiser in Richtung Markkleeberger See und Knotenpunkt 22. Entsprechend radeln wir auf der Rathausstraße unter der Bahnstrecke hindurch. Fast auf unserem gesamten Tourenverlauf begleitet uns nun das schwungvoll entworfene Symbol der Neuseenlandradroute. Erst nach dem Rathaus schwenkst du ins Sträßchen Am Fest-anger ein und lässt dich von der Kennzeichnung hin zur Pleißebrücke leiten. Am hiesigen Knotenpunkt 22 folgst du der Destination Knotenpunkt 06 über die Pleiße. Gleich kannst du

CHARAKTER

Sportlich ●●●●○
Abkühlung ●●●●●
Schlemmen ●●●○○
Panorama ●●●●○

‹ links / Glasklares Wasser im ehemaligen Tagebau: Der Hafen Zöbigker

einen Blick auf die kleine Markkleeberger Auenkirche werfen. Der Weiser leitet dich zum Knotenpunkt 10 nach rechts. Du querst eine Landstraße, radelst durch Pferdekoppeln und atmest inmitten des ländlichen Flairs tief durch. Beim Knotenpunkt 10 erreicht die Tour den Markkleeberger See. An der nahen 2 / Seepromenade kannst du dir erst einmal die frische Seebrise um die Nase wehen lassen. Dann geht es auf der Auenhainer Straße weiter, wo wir den Knotenpunkt 19 anpeilen. Wir genießen den aussichtsreichen Abschnitt, während die Pneus über den Asphalt surren. Am Horizont fallen als Landmarken ein Schaufelradbagger und ein Bandabsetzer des ehemaligen Braunkohletagebaus Espenhain auf, die an die Entstehung des Markkleeberger Sees erinnern. Nun sind sie dauerhaft in einem Bergbau-Technik-Park zum Stehen gekommen. Unser Oberer Uferweg mündet auf ein Sträßchen, an dem die Route links in Richtung Borna schwenkt. Zuvor kannst du aber vom Aussichtspunkt etwas unterhalb einen Blick auf die Wildwasser-Rafting-Anlage im Kanupark werfen – bei einer Fahrt durch die Gischt ist Nervenkitzel garantiert! Die Beschilderung leitet uns um die Ferienanlage herum, kurz an der Bornaer Chaussee entlang und beim Knotenpunk 19 über diese hinweg. Auch hier orientieren wir uns an der Destination Borna und steuern so den Knotenpunk 82 an. Gleich nutzt du die Autobahnüberführung, erreichst den Rundkurs um den Störmthaler See und kommst am Abzweig nach Güldengossa vorbei. Der Abstecher zum kleinen Barockschloss lohnt insbesondere wegen des wunderbar romantischen Parks – ein idealer Ort für eine Rast! Unsere Tour steuert nun den Knotenpunkt 82 an, der mit einem tollen 3 / Panorama über den Störmthaler See punkten kann. Was für ein Blick! Auf der blaublitzenden Wasserfläche ist das schwimmende Kunstobjekt Vineta ein Eyecatcher, der an die 1978 abgebaggerte Magdeborner Kirche erinnert. Infotafeln zum Tagebau sowie der

TOUR, DIE DU SO NIE GEMACHT HÄTTEST

TRAUMHAFTER RASTPLATZ

Das Barockschloss Güldengossa wurde im Jahre 1720 erbaut. Umgeben ist es von einem romantischen Landschaftspark, in dem es sich wunderbar rasten lässt.

➤ rechts groß / Im Park von Schloss Güldengossa ➤ rechts klein / Am Markkleeberger See

KM 3

Markkleeberger und Störmthaler See entstanden aus Restlöchern des Tagebaus Espenhain. Auf dem knapp 40 km² großen Areal wurden einst 565 Mio. t Braunkohle gefördert und 1.700 Mio. t Abraum bewegt. Verglichen damit wirken die weithin sichtbaren Großgeräte im Technik-Park fast schon niedlich: Sie bringen zusammen 4.000 t auf die Waage.

PERFEKTER START

Der feinsandige Strand an der Markkleeberger 2 / Strandpromenade verlockt gleich am Beginn der Tour zu einer Erfrischung. Besser kannst du in den Radeltag nicht starten!

TOUR, DIE DU SO NIE GEMACHT HÄTTEST

urige Kiosk Speisewagen No. 51 laden hier zum Verweilen ein. In Richtung Dreiskau-Muckern verläuft die Route nun zum Weiser 87. Wir wenden uns rechts und sausen mit einem Gefälle von 11 % kurvenreich bergab. Am Knoten 77 geht es dann geradewegs nach Dreiskau-Muckern weiter. Wir queren die stark befahrene Landstraße und radeln gleich durch das pittoreske Dreiskau-Muckern. Die Beschilderung der Neuseenlandradroute leitet uns an der Kirche von 1741 vorbei. Kurz vor dem Gasthaus Muckern orientiert sich die Tour links in Richtung Pötzschau.

Vom Hainer See nach Borna

Auf der Gasse Göselaue verlässt du das Dorf und gelangst auf einem Feldweg und vorbei an Pferdekoppeln zum Dorfrand von Pötzschau. Hier leitet dich das Radwegsymbol entsprechend der Destination Pegau am Dorf vorbei und zur nahen Landstraße, an der du dich rechts hältst. Achtung! Nur 150 m weiter biegst du unmarkiert links ein, überbrückst einen verwachsenen Bach und folgst dem asphaltierten Radweg nach Espenhain. Bei einer Straße erreichen wir den Ortseingang von Espenhain und lassen uns hier von der Beschilderung

durch den Ort führen. Schließlich schwenkt die Route in Richtung Haubitz auf die Hainer Straße ein, verlässt Espenhain und überbrückt gleich die Autobahn. Danach orientieren wir uns links und folgen dem Radweg zum Hainer See. Kurz vor diesem halten wir uns links auf den Strandweg, fahren oberhalb beim Campingplatz vorbei und erreichen gleich das Ufer des 4 / Hainer Sees. Eine Pause kommt uns hier gerade recht! Mit fast 600 ha gehört das Gewässer zu den Großen im Neuseenland. Bis 1993 wurde noch nach Braunkohle gebaggert, die Flutung des ehemaligen Tagebaus ist erst seit 2010 abgeschlossen. Du nutzt den Uferweg um den See und passierst das Seehaus, wo ein Verein ein Strafvollzugsprojekt in freien Formen betreut. Aussichtsreich rollst du an ausgedehnten Liegewiesen vorbei – die Versuchung ist groß, sich ins weiche Gras fallen zu lassen. Die Route steigt schließlich zur Autobahn hin an, wo wir am Weiser in Richtung Pegau weiterradeln. An einer Schranke lotst uns die Beschilderung Haubitz weg vom Seerundweg und hinein nach Haubitz. Schnell lassen wir den kleinen Ort hinter uns, orientieren uns an den Destinationen Borna und Pegau und behalten die Radwegkennzeichnung im Auge. Nur ein kurzes Stück geht es am Flüsschen Eula entlang, dann gelangt die Tour an den Stadtrand

QUAL DER WAHL

An der Markkleeberger 2 / Strandpromenade musst du dich entscheiden: Gemütlich mit dem Ausflugsschiff über den See schippern oder sich lieber selbst in die Ruder legen – der Bootsverleih ist jedenfalls gleich nebenan.

‹ links / Am Dorfrand von Dreiskau-Muckern ^ oben / Die Kirche von Dreiskau-Muckern

von Borna. Auf der Pawlow-, der Sauerbruch- und der Johann-Sebastian-Bachstraße erreichen wir beim Reichstor das Zentrum. Das Bauwerk ist Bornas einzig erhalten gebliebenes Stadttor, welches heute ein Museum beherbergt. Die Reichsstraße bringt uns gleich zum schmucken 5 / Markt von Borna, wo wir uns entspannt ein Eis genehmigen können.

Badestopp am Haselbacher See

125 MIO. TONNEN

Schon seit 1954 war der Tagebau Haselbach in Betrieb. Bis zur Stilllegung 1977 wurden hier mehr als 125 Mio. t Braunkohle abgebaut. Die einstigen Verwüstungen sind heute angesichts des friedlichen 6 / Haselbacher Sees mit seiner artenreichen Vogelwelt kaum noch zu erahnen.

Auf der Bahnhofstraße verlassen wir den Markt und unterqueren später unweit des Bahnhofs die Gleise. Ein ganzes Stück verläuft die Route nun auf dem Radweg neben der B 93 in Richtung Pegau und Deutzen. Schließlich überquert die Tour die große Ampelkreuzung bei Blumroda gerade. Wir biegen erst 1 km weiter beschildert (und vorsichtig) nach Pegau und Deutzen rechts über die Bundesstraße hinweg ein. Aussichtsreich rollst du auf einem Dammweg durch weite Wiesen und orientierst dich gleich zum rechter Hand liegenden Landstädtchen Regis-Breitingen hin. Auf der Teichstraße wird die Kleinstadt erreicht, wobei du aber schon 100 m vor dem Rathaus links in die Weststraße einschwenkst. Du stößt auf die stärker befahrene Goethestraße und hältst dich links.

⮝ oben / Picknickblick am Ufer des Cospudener Sees ➤ rechts / Am Markt von Borna

Später geht diese in die Schiller- und die Forststraße über. Du rollst an der schönen Kirche und der einladenden Gaststätte Zur Erholung vorbei. Lust auf eine Rast im ruhigen Biergarten? Dann bist du hier genau richtig! Später unterqueren wir die Bahnstrecke, radeln noch circa 1 km auf der Landstraße und lassen uns dann von der Beschilderung auf einen Waldweg nach links leiten. Der recht holprige Weg stößt zum Glück bereits nach 300 m auf ein Wirtschaftssträßchen. Wir folgen der Destination Pegau nach rechts und bleiben nun der durch den lichten Wald führenden Wegführung treu. Die Route verläuft nahe der Uferlinie des Haselbacher Sees, wobei etwas auf die Markierungen zu achten ist. Schließlich passieren wir auch einen idyllisch am Waldrand gelegenen 6 / Strand. Der Wind raschelt leise im Schilf, Entchen ziehen ihre Bahnen und das glasklare Wasser lädt zur Erfrischung ein – schöner kann eine Radelpause nicht sein.

TOUR, DIE DU SO NIE GEMACHT HÄTTEST

Geschichtsträchtige Kleinstädte

Wenige Pedaltritte weiter erreicht die Tour eine Straße, die entsprechend der Beschilderung gequert wird. Über Wildenhain und Hagenest gelangen wir nach Lucka, wo der Wettinbrunnen auf dem Markt an den Sieg der sächsischen Wettiner über die Habsburger im Jahre 1307 erinnert. Auf der Pegauer Straße radeln wir

KM 33

Übernachtungsgäste in 5 / Borna gesellen sich zu illustren Vorgängern: Im Mai 1813 nächtigte Napoleon am Markt im Haus Nr. 13. Im Oktober desselben Jahres – am Vorabend der Völkerschlacht – nahmen König Friedrich Wilhelm III. von Preußen, Kaiser Franz von Österreich sowie Zar Alexander von Russland an gleicher Stelle Quartier.

aus Lucka hinaus und folgen der kleinen Landstraße von Dorf zu Dorf. Zwischen Berndorf und Hohendorf lädt an Wochenenden das kleine Café der Neuseenmühle zur Einkehr ein – bei schönem Wetter kann man hier traumhaft unter schattigen Bäumen an der plätschernden Schnauder sitzen. Im Sommer solltest du unbedingt auch eine Rast am 7 / Großstolpener See zwischen Droßkau und Großstolpen einlegen. Müde Radlerbeine werden die Liegewiese und ein erfrischendes Bad zu schätzen wissen, hungrige Mägen freuen sich über das kleine Bistro. In Großstolpen schwenkt unsere Route schließlich auf ein Nebensträßchen ein, das uns zum Radweg nach Groitzsch und auf diesem aus dem Ort hinausführt. Wir sausen auf der gut ausgebauten Strecke bis nach Groitzsch und biegen dort auf die Brösener Straße links Richtung Zentrum ein. Die Bahnhofstraße bringt uns geradewegs zum ausgesprochen schönen 8 / Markt von Groitzsch, wo sich das Flair und der Anblick der vielen historischen Fassaden am besten vom Freisitz des Hotels Weißes Roß aus genießen lässt. Der perfekte Platz, um die heutige Tagesetappe ausklingen zu lassen.

TOUR, DIE DU SO NIE GEMACHT HÄTTEST

Von uralten Mauern zum Seen-Favorit der Leipziger

Auf der Graf-Wiprecht-Straße verlässt du den Markt und biegst gleich (!) abwärts rollend in den Park ein. Unternimm hier ruhig den Abstecher zur nahen Wiprechtsburg. Auch wenn sich nur einige Mauerreste erhalten haben – diese sind immerhin 1.000 Jahre alt! Im nahen Pegau radelst du zunächst an einer Kleingartenanlage entlang, bevor du am Ufer der Weißen Elster zur Durchgangsstraße gelangst. Die Beschilderung leitet dich am 1561 errichteten Rathaus vorbei und in die schmale Gasse An der Schule. Zuvor solltest du aber auch noch einen Blick auf den malerischen 9 / Kirchplatz mit der mächtigen Laurentius-Kirche werfen! Genussvoll bewundern lässt sich das Bauwerk vom Eiscafé Juli & Beere gegenüber (www.juliundbeere.de). Durch die Gasse An der Schule erreichen wir den Weiderodaer Weg, auf dem die Stadt in Richtung Leipzig verlassen wird. Die Pneus surren auf unserem Radweg durch die malerische Elsteraue. Wir radeln durch das idyllische Weideroda und tangieren Wiederau. Hier schwenkt die Route kurz vor der Landstraße allerdings am Weiser rechts nach Rüssen-Kleinstorkwitz ein. Wir überbrücken die Elster und fahren auf der Lindenstraße durch den kleinen Ort. Die Kennzeichnung leitet uns schließlich über die Bundesstraße. Beim ehemaligen Bahnhof von Rüssen hält sich die Tour links auf den Radweg auf dem alten Bahndamm. „Schnurgerade" rollen wir nun bis nach Zwenkau, wo uns eine recht lange Ortspassage auf der Pegauer und der Leipziger Straße erwartet. Nach der etwas verkehrsreicheren innerstädtischen Rou-

SCHLACHT BEI LUCKA

Schwer bewaffnet standen sich im Mai 1307 bei Lucka Tausende Krieger gegenüber. Der Sieg der Wettiner über die Habsburger war entscheidend für die Geschichte Sachsens.

< links / Abendstimmung am Großstolpener See ^ oben / Weide am Zwenkauer See

KM 62

In 8 / Groitzsch wurde sächsische Geschichte geschrieben – so finden sich die ältesten Steinbauten Westsachsens im Park der Kleinstadt. Auch wenn sich aus der Zeit um 1080 lediglich eine rekonstruierte Kapelle und der Stumpf eines runden Turmes erhalten haben – sehenswert ist die Wiprechtsburgruine unbedingt!

te genießen wir die entspannte Atmosphäre am 10 / Kap Zwenkau mit seinen Hafenanlagen und Cafés mit Blick auf den Zwenkauer See. Du wendest dich an der Seepromenade links in Richtung Seeblick Zitschen und Knotenpunkt 61. Beim Gedenkstein für das 1987 überbaggerte Dorf Eythra führt eine uralte Lindenallee zu einem 11 / Trianon, das zum einstigen Rittergut Eythra gehörte. Heute ist dies ein traumhaftes Fleckchen für eine Rast. Der Uferweg leitet uns dann zum Panoramapunkt beim Weiser 61. Der Blick über die Wasserfläche ist beeindruckend – schließlich ist der Zwenkauer See mit 10 km² das größte Gewässer im südlichen Leipziger Neuseenland. Recht holprig leitet uns der Radweg nun zu einer Straße, auf der die Tour die Autobahn hin zum Knotenpunkt 41 unterquert. Du wählst die Destination Cospudener See und Knoten 32 und orientierst dich dann dort rechts in Richtung Markkleeberg. Gleich solltest du allerdings den Abstecher zum weithin sichtbaren Aussichtsturm auf der 12 / Bistumshöhe nicht scheuen – die Aussicht ist grandios und die Crêpes im Imbiss einfach umwerfend lecker. Du radelst auf dem Uferweg um den Cospudener See – dem beliebtesten Ausflugsziel der Leipziger – und kommst beim Hafen Zöbigker zum Halten, wo noch einmal maritimes Flair getankt werden kann. Dann bleibt dir nur noch eine Abkühlung an einem der Strände des „Cossi", bevor du dich von der Beschilderung Markkleeberg die letzten Meter zurück zum 1 / Bahnhof leiten lässt.

LADESÄULE

Am 9 / Pegauer Kirchplatz kannst du die Laurentius-Kirche besuchen und später ein Eis genießen. Nebenbei lädt dein E-Bike-Akku an der Ladesäule zu Füßen der Kirche.

TOUR, DIE DU SO NIE GEMACHT HÄTTEST

TOURENINFO / Die Tour verläuft zumeist auf Radwegen und kleinen Landstraßen. Kurze Abschnitte haben unbefestigten Untergrund. Stärkerer Verkehr ist bei einigen Ortspassagen zu erwarten. Badesachen einpacken.

< links groß / Blick zum Hafen Zöbigker < links klein / Das Trianon des einstigen Rittergutes Eythra

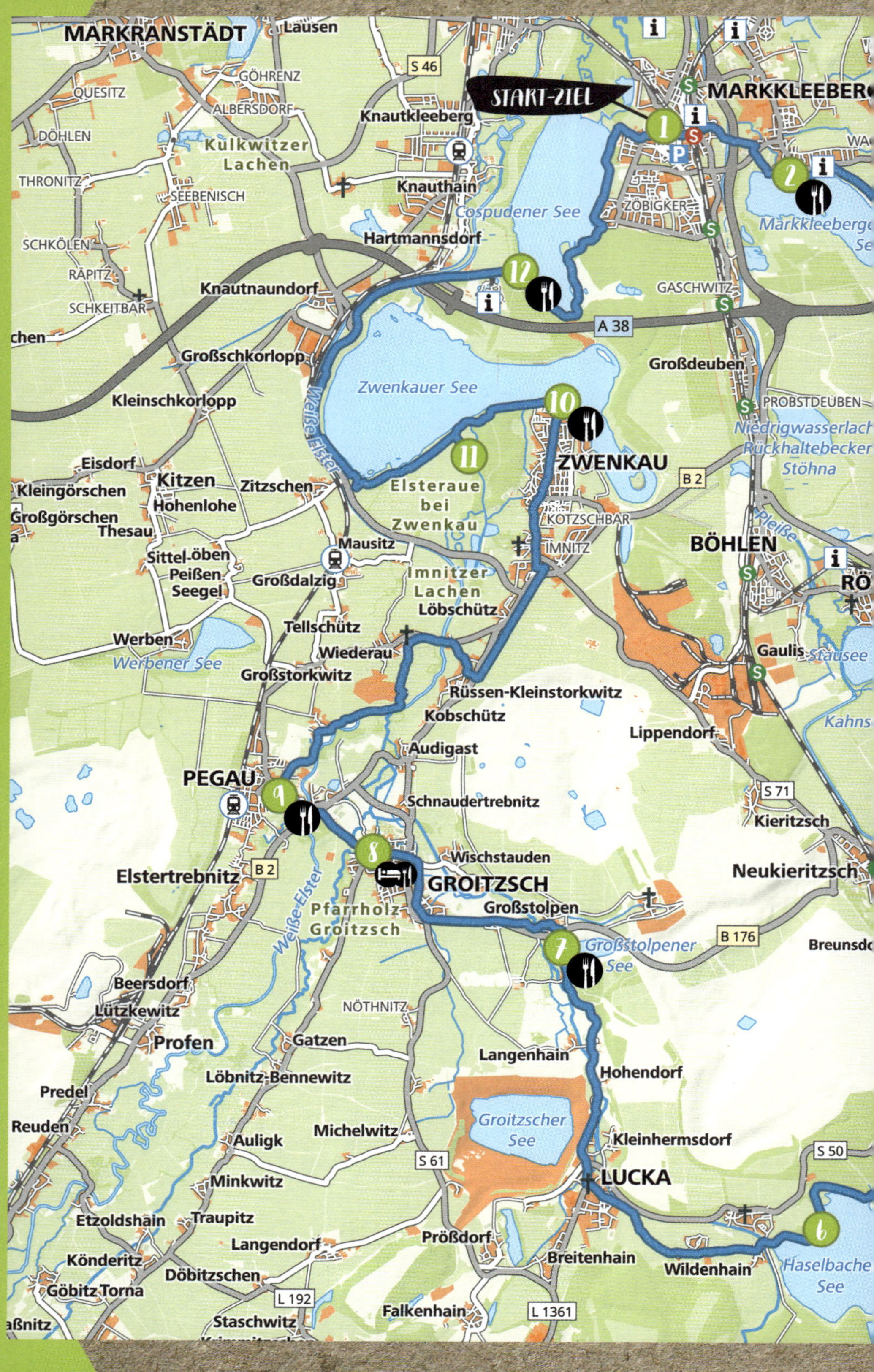

START-ZIEL
MARKRANSTÄDT
Lausen
GÖHRENZ
QUESITZ
ALBERSDORF
DÖHLEN
Kulkwitzer Lachen
THRONITZ
SEEBENISCH
SCHKÖLEN
RÄPITZ
SCHKEITBAR
Knautkleeberg
Knauthain
Cospudener See
Hartmannsdorf
Knautnaundorf
MARKKLEEBERG
ZÖBIGKER
Markkleeberger See
GASCHWITZ
A 38
S 46
Großschkorlopp
Kleinschkorlopp
Zwenkauer See
Großdeuben
PROBSTDEUBEN
Niedrigwasserlache Rückhaltebecken Stöhna
Weiße Elster
Eisdorf
Kitzen
Kleingörschen
Hohenlohe
Großgörschen
Thesau
Zitzschen
Elsteraue bei Zwenkau
ZWENKAU
B 2
KOTZSCHBAR
IMNITZ
BÖHLEN
Pleiße
Mausitz
Sittel-öben
Peißen
Seegel
Großdalzig
Imnitzer Lachen
Löbschütz
Tellschütz
Wiederau
Werben
Werbener See
Großstorkwitz
Gaulis
Stausee
Rüssen-Kleinstorkwitz
Kobschütz
Lippendorf
Audigast
PEGAU
Schnaudertrebnitz
S 71
Kieritzsch
Wischstauden
Elstertrebnitz
GROITZSCH
Neukieritzsch
Großstolpen
Pfarrholz Groitzsch
Großstolpener See
B 176
Breunsdorf
Beersdorf
Lützkewitz
NÖTHNITZ
Profen
Gatzen
Langenhain
Hohendorf
Löbnitz-Bennewitz
Predel
Reuden
Groitzscher See
Michelwitz
Auligk
Kleinhermsdorf
S 61
S 50
Minkwitz
LUCKA
Etzoldshain
Traupitz
Langendorf
Prößdorf
Breitenhain
Wildenhain
Haselbacher See
Könderitz
Döbitzschen
Göbitz
Torna
L 192
Staschwitz
Falkenhain
L 1361

START | ZIEL
Bahnhof Markkleeberg
HINKOMMEN
Auto / Parkplatz beim Bahnhof
ÖPNV / S-Bahnlinien S4, S5, S6, Bahnhof Markkleeberg
➤ 1 / Bahnhof Markkleeberg ➤ 2 / Seepromenade ➤ 3 / Panorama Störmthaler See ➤ 4 / Hainer See ➤ 5 / Markt Borna ➤ 6 / Strand Haselbacher See ➤ 7 / Großstolpener See ➤ 8 / Markt Groitzsch ➤ 9 / Kirchplatz Pegau ➤ 10 / Kap Zwenkau ➤ 11 / Trianon Eythra ➤ 12 / Bistumshöhe
Seifertshain
Grillensee
LIEBERTWOLKWITZ
A 38
Fuchshain
NAUNHOF
Klinga
A 14
Großpösna
S 38
S 45
Lindhardt
Threna
Threne
Köhra
Großsteinberg
S 47
S 242
Störmthal
Gladegraben
Pomßen
S 45
Parthe
Grethen
S 38
Störmthaler See
Belgershain
Rohrbacher Teiche
S 49
Oelzschau
Dreiskau-Muckern
Rohrbach
Kömmlitz
Pötzschau
Gösel
Flipper
Otterwisch
Großbuch
Hainichen
Mölbis
Espenhain
Trages
Stockheim
Bernbruch
A 72
Lauterbach
S 48
Thierbach
Steinbach
KITZSCHER
S 49
Hainer See
Haubitzer See
Braußwig
Eula
BAD LAUSICK
Haubitz
Eula
Kesselshain
Dittmannsdo
Speicherbecken Witznitz
B 176
B 176
Bockwitzer See
Buchheim
Lobstädt
B 176
BORNA
S 50
Bockwitz
Zedtlitz
Speicherbecken Borna
Plateka
Hopfgarten
Wyhra
Schöna
REGIS-BREITINGEN
Nenk
Neukirchen
Harthsee
FRANKENHAIN
Wyhra
A 72
Bubendorf
Thräna
Haselbach
Benndorf
FROHBURG
5 km

BYE-BYE INS WOCHENENDE

Radelnd kommen wir an den schönsten Plätzen in Leipzig und Umgebung vorbei, wie hier am Palmengartenwehr auf unserem Wochenend-Bikeaway (Tour 19)

AUFGESATTELT!

LEIPZIG- UND RADBASICS

RADVERGNÜGEN

in und um Leipzig

Radler haben in Leipzig und dessen Umgebung die Qual der Wahl, denn abwechslungsreiche Fluss- und spannende Themen-Radwege gibt es in großer Zahl. Zu den etablierten Routen hat sich seit einiger Zeit ein weiteres Wegenetz gesellt. Grund dafür ist der Strukturwandel, der sich in den letzten 25 Jahren vor den Toren der Stadt vollzog: Die einst riesigen Braunkohlereviere haben sich – wie das hässliche Entlein zum stolzen Schwan – durch Flutung und Renaturierung der Tagebaue zu einer Seenlandschaft gemausert, die nun kreuz und quer von Radwegen durchzogen ist.

FAHRRADKULTUR IN LEIPZIG ...

Die Stadt und ihr Umland ist zumeist recht flach. Schon deshalb steigen auffällig viele Leipziger aufs Rad, wenn sie sich auf den Weg zur Arbeit oder zum Einkauf machen. Auch der Ausbau der innerstädtischen Radwege ist in den letzten Jahren noch einmal forciert worden, wobei hier – wie vielerorts in Deutschland – durchaus noch Luft nach oben zu verzeichnen ist. Zumindest in größeren Straßen existieren auch eigene Radampeln. An deren Vorgaben sollte man sich halten, sind doch in Leipzig vor allem im Sommerhalbjahr eine beachtliche Zahl von Fahrradpolizisten aktiv. Am schönsten radelt es sich in den zahlreichen Parks und Grünanlagen. Kilometerlang zieht sich zudem der urwüchsige und von einem dichten Wegenetz erschlossene Auenwald durch die Stadt. Außerdem führen gut ausgebaute Radstrecken entlang der Flüsse und Kanäle, von denen mit Pleiße, Luppe, Parthe und Karl-Heine-Kanal eine ganze Reihe mitten durchs Stadtgebiet verlaufen.

Alles rund ums Fahrradfahren in und um Leipzig

... und in Leipzigs Umland

Auch jenseits der Stadtgrenzen ist das Routennetz in den letzten Jahren verstärkt ausgebaut und vielerorts auch asphaltiert worden. Allerdings verläuft noch längst nicht jede Tour auf spiegelglattem Untergrund. Auch befestigte und stellenweise holprige Wald- und Feldwege sowie das zuweilen abenteuerliche Kopfsteinpflaster bei Dorfdurchfahrten haben ihren Anteil am Wegenetz. Insbesondere auf den Radwegen an einigen der besonders beliebten Badeseen kann es in der sommerlichen Hochsaison auch einmal recht eng werden: Familien mit Kind und Kegel, Radler, Hunde mit Frauchen und Herrchen sowie Jogger und Inlineskater streben ihrer favorisierten Badestelle zu. Dann gilt es, mit Augenmaß zu fahren und gerade Kinder bei ihren ersten Fahrversuchen im Auge zu behalten.

Rechts, links oder geradeaus?

Dank einer recht guten Beschilderung fällt die Orientierung zumeist leicht. An vielen größeren Wegkreuzungen weisen grün-weiße Schilder die Richtung und geben die Entfernungen zu den nächsten Zielen an. Radfernwege sind durch entsprechende Piktogramme gekennzeichnet. An touristischen Hotspots informieren zudem Regionalkarten über das Wegenetz vor Ort. Schritt für Schritt wird auch das Knotenpunktsystem mit durchnummerierten beschilderten Kreuzungen eingeführt. Zur Zeit wird so insbesondere im Neuseenland die Wegfindung noch zusätzlich vereinfacht.

EIGENES RAD ODER ...?

Wer (noch) keinen eigenen fahrbaren Untersatz hat: Für eine spontane Spritztour bieten einige Verleihe ihre Dienste an. Dabei können zumeist verschiedene Fahrradtypen (Stadtrad, Trekkingrad, MTB) sowie Pedelecs ausgeliehen werden. Die Tagesmiete variiert je nach Standort stark und reicht von 10 Euro je Tag bis zum gleichen Betrag pro Stunde, fürs Pedelec ist deutlich mehr zu berappen. Kinderräder, Anhänger und Fahrradhelme werden seltener angeboten. E-Biker sollten vor jeder Tour auf einen voll aufgeladenen Akku achten – nicht überall kann unterwegs nachgeladen werden. Übrigens: Fahrräder können in S-Bahnen und Nahverkehrszügen innerhalb des Mitteldeutschen Verkehrsverbundes sogar kostenfrei transportiert werden.

RAUS MIT KIND & KEGEL

Leipzig und sein Umland sind ein Radlerparadies auch und gerade für Kinder. Viele Routen im Neuseenland tangieren in ihrem Verlauf früher oder später einmal einen kleinen Strand. Badestopps können als Motivationsschub wertvolle Dienste leisten. Auch Eisbuden, Spielplätze und Weiden mit Tieren liegen oft am Wegesrand. Spannende Burgerkundungen, Aussichtsturmbesteigungen und idyllisch gelegene Rastplätze an Flussufern werden ebenfalls begeistern. Auch deshalb orientieren sich die angegebenen Radelzeiten bei 12 km/h an einem familienfreundlichen Fahrverhalten. Einige wenige Touren sind für Kinder nicht geeignet, z. B. wenn sie kurzzeitig auf einer stärker befahrenen Straße verlaufen. Darüber gibt der jeweilige Infoblock Auskunft.

FACTS
LEIPZIG & UMGEBUNG

135 KM
lang ist der Radweg Grüner Ring, der rund um Leipzig führt. Auf 160 km bringt es die Kohle | Dampf | Licht | Seen-Radroute zwischen Wittenberg und Markkleeberg.

605.407
Einwohner hat Leipzig (Ende 2020)

297,8 KM²
groß ist die Fläche von Leipzig
Sachsen: 18.416 km²

39.374
Studierende im Wintersemester 2020/21 an Leipziger Universitäten und Hochschulen

19,5 KM²
des Stadtgebiets sind Wald, der größte Teil der Leipziger Auwald, einer der größten Auwälder in Mitteleuropa

23
Tagebaurestlöcher um Leipzig, Halle, Bitterfeld und Borna werden geflutet und rekultiviert – eine Seenlandschaft mit 70 km² Wasserfläche entsteht

66
kleine Emmas und 68 Emils kamen 2020 in Leipzig zur Welt

15 M
hoch ist das schwimmende Kunstobjekt Vineta auf dem Störmthaler See. Es symbolisiert die überbaggerte Magdeborner Kirche und ist das höchste schwimmende Bauwerk auf einem deutschen See.

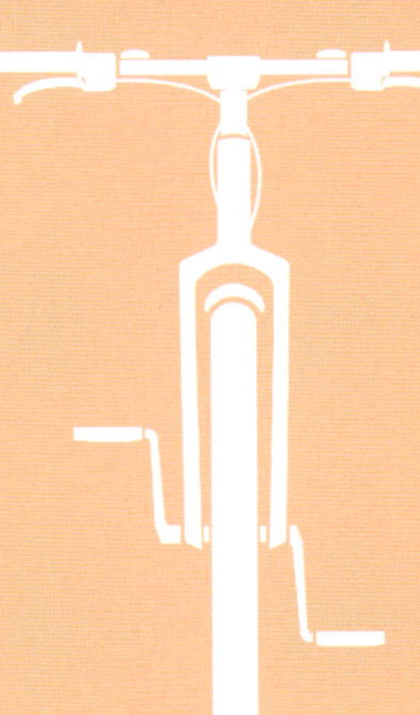

300.000 T
Etwa so viel beträgt das Gewicht des Völkerschlachtdenkmals – 2019 hatte es 299.866 Besucher (ca. einen je Tonne)

17 M
beträgt der Durchmesser des Schaufelrads des Braunkohlebaggers SRs 6300. Das 190 t schwere Rad steht als Industriedenkmal beim Werbeliner See.

RAUSZEIT-HIGHLIGHTS

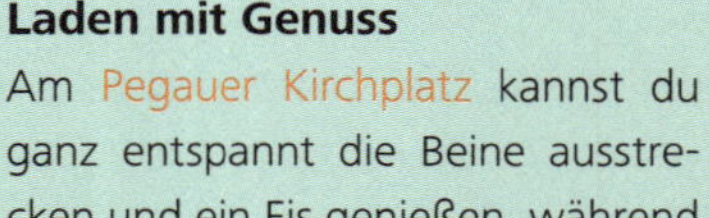

FÜR KINDER

Tiere ganz nah
Mitten im Auwald hat der Leipziger Wildpark seine Pforten geöffnet. Waschbär und Luchs, Elch und Wisent sind hier ganz aus der Nähe zu beobachten.
Tour 1 // Seite 12

Wie Tarzan vom Baum springen?
Kein Problem – im Leipziger Kletterpark landest du auf jeden Fall sicher im Netz und kannst eine Mutprobe an die nächste reihen.
Tour 6 // Seite 50

Bergab sausen
Kein mühsames Bergan-Strampeln! Auf der Sommerrodelbahn von Kohren-Sahlis wirst du aufwärts gezogen und saust mit 40 km/h ins Tal.
Tour 8 // Seite 70

Leinen los!
Der Cospudener See hat nicht nur traumhafte Strände – am Hafen Zöbigker (Foto) werden sogar Tretboote mit Rutsche vermietet.
Tour 1, 21 // Seite 14, 219

FÜR E-BIKER

Laden mit Genuss
Am Pegauer Kirchplatz kannst du ganz entspannt die Beine ausstrecken und ein Eis genießen, während dein Akku an der Ladestation hängt.
Tour 19, 21 // Seite 184, 217

Freyburgs Weinberge
Von Naumburg aus kannst du den Saale- und den Unstrut-Radweg unter die Reifen nehmen und noch die knapp 10 km bis in die Wein- und Sektstadt Freyburg radeln.
Tour 14 // Seite 133

Malerische Klostermauern
Kaum in Grimma dem Mulderadweg gefolgt, schon kommst du an der uralten Klosterruine Nimbschen zum Halten.
Tour 7 // Seite 62

Per Rad zurück in die City
Nach einer Erkundung des Schlossparks Lützschena kannst du auf dem Deichweg entlang der Luppe bis Leipzig zurückradeln.
Tour 3 // Seite 30

Top für jede Lust und Laune: Kleine und große Abenteuer, die besten Einkehrtipps und entspanntesten Pausenplätze

FÜR SCHLEMMER

Qual der Wahl

Im Weindorf Kriechau musst du dich entscheiden: Hofcafé oder Straußwirtschaft? Zum Glück sind beide Lokale eine perfekte Wahl!

Tour 14 // Seite 128

Das Auge isst mit …

Im Gohliser Schlösschen mag man den Blick von der barocken Architektur kaum abwenden. Bester Café-Genuss in traumhaftem Ambiente!

Tour 9 // Seite 77, 78

ZierlichManierlich

Am Kiosk ZierlichManierlich gibt's frisch gebrühten Kaffee. Dann kannst du es dir auf der Wiese des Wagner-Hains mit Blick übers Elsterflutbecken gemütlich machen.

Tour 9 // Seite 78

Eis!

Ein Eis der Haynaer Eismanufaktur in der Hand und vor dir der Biedermeier-Strand des Schladitzer Sees – was braucht es mehr?

Tour 18 // Seite 173

FÜR RUHESUCHENDE

Grün ringsum

Die pulsierende City bleibt zurück, wenn du ins dichte Grün des Auwalds eintauchst. Vom Aussichtsturm im Rosental blickst du auf Baumwipfel, so weit das Auge reicht.

Tour 9 // Seite 76

Oase der Ruhe

Wer dem Trubel am Cospudener See entfliehen will, ist im verträumten Kees'schen Park richtig. Besonders schön zur Rhododendronblüte!

Tour 1 // Seite 12, 13

Ländliches Idyll

Rastplätze an der Elsteraue zwischen Pegau und Zeitz laden zum Verweilen ein – nur Vogelgezwitscher und das Murmeln das Flusses sind zu vernehmen.

Tour 19 // Seite 185

Schlosspark entdecken

Wurzelpfade führen im Schlosspark von Lützschena zu Statuen, Pavillons und romantischen Teichen.

Tour 3, 10 // Seite 30, 86

DAS KRIEGST DU NICHT ALLE TAGE

DIV. TOUREN

Leipziger Buchmesse
Lesungen, Autorengespräche und alles rund ums Buch, März, Neue Messe Leipzig und überall in der Stadt
Touren 1, 9, 10, 11, 12, 19

Prix de Tacot – Seifenkisten-rennen am „Foggeberg"
wilde Kopf-an-Kopfrennen in selbs kreierten Fahrzeugen, im Frühjahr oder Sommer, Leipziger Fockeberg
Touren 1, 3, 9, 10, 11, 12, 19,

LEIPZIG

TOUR 15

Zauberfest in Merseburg
Volksfest mit Rabenmarkt, Zauber-hüpfburgen und Märchenwald, letzter Samstag im Oktober
Seite 137

MERSEBURG

Highfield-Festival
Mehrtägiges Indie-Rock-Festival am Störmthaler See, August
Seite 95, 209

STÖRMTHALER STRAND

TOUR 11 & 21

Töpfermarkt Kohren-Sahlis
Buntes Markttreiben um den Töpferbrunnen, Mai
Seite 69

KOHREN-SAH

TOUR 8

BIN TRAVELER FORM

Cut By: Daliannys 6 **Qty** 90 **Date** 09/14

Scanned By: ______ **Qty** ______ **Date** ______

Scanned Batch ID's

______ ______ ______

Notes / Exceptions

______

Wann am besten wohin? Alle Events und zeitlich begrenzten Highlights der Touren findest du in der Karte.

Lorenzmarkt
Traditionsreiches mehrtägiges Volksfest auf den Elbwiesen mit Feuerwerk und Oldtimertreffen, August
Seite 196

LORENZKIRCH

Pfingst-Ritterspiele auf Schloss Trebsen

EBSEN

Atemberaubende Turnierkämpfe, Mittelaltermarkttreiben, Musik und Gaukelei, alljährlich zu Pfingsten
Seite 44/45, 60/61

TOUR 5 & 7

Sommerkabarett im Leipziger Zoo Erst durchs tropische Gondwanaland spazieren und dann Kabarett vom Feinsten genießen, Juli u. Aug.

Torgau leuchtet Lichtkunst in der Renaissancestadt mit Kirmes, Konzerten und Museumsnacht, erstes Oktoberwochenende

Grassimesse im Museum für angewandte Kunst Kunstausstellung und Verkaufsmesse für Liebhaber schöner Dinge in Leipzig, Okt.

Jahrestag der Völkerschlacht 1813 Biwaks in historischen Uniformen lassen die Atmosphäre von 1813 aufleben in Markkleeberg, Okt.

DOK Leipzig Internationales Festival für Dokumentar- und Animationsfilm – ein Muss (nicht nur) für Cineasten, Okt.

Weihnachtsmarkt Machern Kleiner Weihnachtsmarkt vor der traumhaften Kulisse von Schloss Machern, 1. und 2. Adventswochenende

Grimma im Advent Märchenhafter Weihnachtsmarkt in der Grimmaer Altstadt, Dez.

PACKLISTE

GRUNDAUSSTATTUNG

- Fahrradhelm
- Radkleidung
- Radhandschuhe
- Radbrille
- Trinkflasche
- Fahrradschloss
- Handy
- Karte/Navigationsgerät
- Fahrradlicht, Ersatzakku/-batterie
- Erste-Hilfe-Set

TAGESTOUR

- Regenkleidung
- Wechselkleidung
- Reparaturset: Ersatzschlauch, Werkzeug
- Luftpumpe
- Packtaschen klein
- Verpflegung: Snacks, genügend Wasser
- evtl. wasserdichte Handyhülle

BIKEAWAYTOUR

- Zahnbürste
- Waschbeutel
- Packtaschen groß
- evtl. Zelt
- evtl. Schlafsack
- evtl. Kompass
- Handyladegerät

REISE-APOTHEKE

Pflaster & Blasenpflaster, Mückenschutz, Sonnenschutz, Zeckenkarte

RADCHECK

findest du auf der nächsten Seite

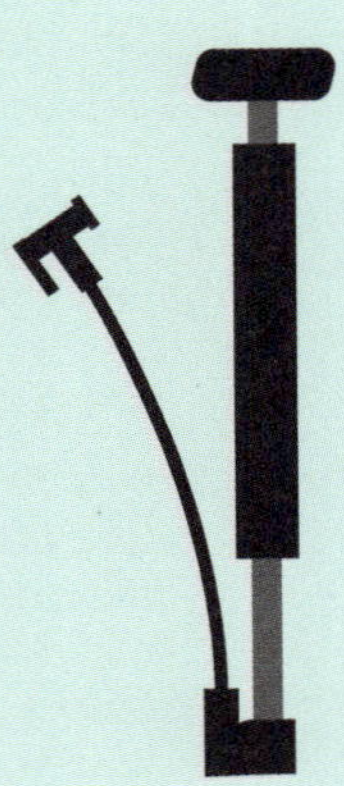

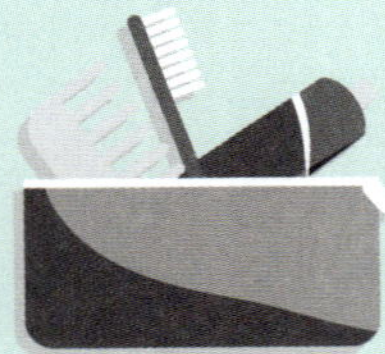

RADCHECK

AM BESTEN

nimmst du dein Fahrrad vor jeder Tour unter die Lupe, zumindest aber beim Frühjahrsputz. Darüber hinaus ist ein regelmäßiger Service bei Profis zu empfehlen.

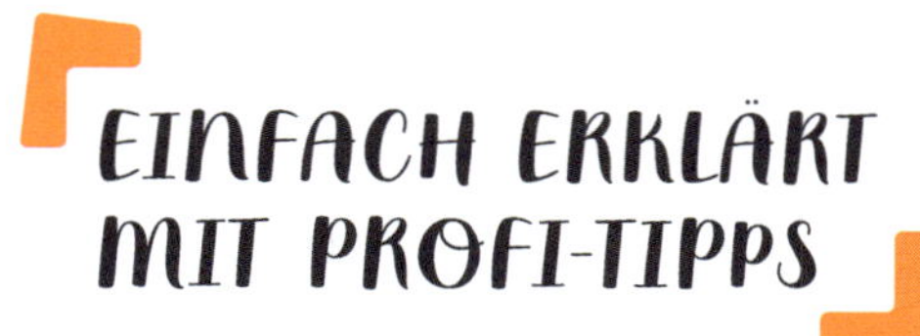

Picobello: Reinigung des Fahrrads

Ein sauberes Fahrrad lebt länger und dir fallen beim Putzen Defekte auf. Daher ran an den Schwamm und die milde Seife oder den Fahrradreiniger und losgelegt! Wenn das Fahrrad getrocknet ist, mit einem sauberen Lappen Wasserränder wegpolieren. Handarbeit ist angesagt – ein Hochdruckreiniger ist tabu, da er auch Fett und Öl entfernt und Wasser in empfindliche Teile eindringen kann.

Tipp: Für verwinkelte Teile ist eine alte Zahnbürste praktisch.

Pralle Geschichte: Die Reifen

Um grob den Reifendruck zu überprüfen, mach die Daumenprobe: Lässt sich der Reifen mehr als 1 cm eindrücken, musst du pumpen. Angaben zu Mindest- und Maximaldruck findest du auf der Reifenflanke. Für wenig Rollwiderstand auf befestigten Straßen orientiere dich an der oberen Grenze, wenn du auf unbefestigen Wegen unterwegs bist, an der unteren. Je schmaler der Reifen und je höher das Gesamtgewicht, desto mehr Luftdruck ist nötig. Am einfachsten lassen sich die Reifen mit einer Standpumpe mit Druckmesser aufpumpen.

Tipp: Fahrradgeschäfte bieten machmal vor Ort gratis Pumpen zum Selbermessen und -aufpumpen an.

Nimm auch das Reifenprofil unter die Lupe: Entferne eventuelle Steinchen oder Scherben und halte nach Rissen oder Schnitten Ausschau. Wenn das Profil zu brüchig oder stark abgefahren ist, brauchst du einen neuen Mantel.

Läuft wie geschmiert: Kette reinigen und ölen

Fürs Reinigen zuerst mit einem trockenen Tuch Kette von altem Fett und Schmutz befreien, indem du am Pedal drehst und so die Kette durch das Tuch ziehst. Den feinen Zwischenräumen kannst du wieder mit der Zahnbürste zu Leibe rücken. Danach Kettenöl, am besten biologisch abbaubares, auftragen, indem du es hinten auf die Kette träufelst, während du sie mit dem Pedal durchdrehst. Kurz einwirken lassen, dann mit einem Lappen das überschüssige Öl von der Kette abziehen.

Tipp: Hast du eine Kettenschaltung, schalte einmal alle Gänge durch, damit sich das Öl auf allen Zahnrädern verteilt.

Eine gut geölte Kette und der richtige Reifendruck machen außerdem ein E-Bike leichtgängiger, was die Akku-Reichweite erhöht.

Schraube locker?

Prüfe regelmäßig die Schraubverbindungen der Steuerung (Lenker, Vorbau und Steuersatz), Laufräder, Pedale, Sattelklemmen und Anbauteile wie Schutzbleche und Gepäckträger.

Tipp: Legst du selbst Hand an, ist ein Drehmomentschlüssel am besten, damit du die Schrauben entsprechend den Drehmomentangaben für dein Fahrrad nachziehen kannst.

Nichts kann dich stoppen, außer: die Bremsen

Prüfe, ob vordere und hintere Bremse einen gleichmäßig starken Druckpunkt haben. Öffne und schließe die Bremsen auch im Stand. Wenn bei hydraulischen Bremsen mehrmaliges Pumpen für einen soliden Druckpunkt erforderlich ist oder sich der Hebel bis zum Lenker durchziehen lässt, muss das System entlüftet werden. Wenn bei mechanischen Felgenbremsen die Bremsarme nicht gleichmäßig arbeiten, einstellen (lassen). Sind die Verschleißindikatoren auf den Bremsbelägen, kleine Rillen im Gummi, verschwunden, müssen die Beläge getauscht werden. Den Verschleiß von Scheibenbremsen kannst du bei relativ neuen Belägen mit einer Taschenlampe von oben durch den Schlitz im Sattel prüfen. Bei älteren und dünneren Belägen müssen die Räder zur Sichtprüfung ausgebaut werden.

Tipp: Gegen Verschmutzung und Korrosion der Bremszüge bei mechanischen Bremsen hilft ein Spritzer Teflonspray in die Enden der Außenhüllen. So gleiten die Kabel besser in ihrer Hülle.

Damit dir ein Licht aufgeht: die Beleuchtung

Weil's am Abend auch schon mal später werden kann und du auch am Rückweg sichtbar sein möchtest: Sind Lichter und Reflektoren vorhanden und funktionieren sie?

Für alle mit extra Antriebskraft: Akku & Motor

Bei längerer Nichtnutzung, zum Beispiel in der Winterpause, achte darauf, dass sich der Akku nie tiefenentlädt. Korrosionsspuren bei den Steckverbindungen mit einem speziellen Kontaktspray entfernen. Fallen dir Schäden am Motorgehäuse auf, am besten schnell in eine Fachwerkstatt.

Los geht's!

TOURIST

Karl-Kapferer-Straße 5
A-6020 Innsbruck
www.kompass.de

1. Auflage 2022 (22.01)
Verlagsnummer 3803
ISBN 978-3-99121-411-3

Text und Fotos (soweit nicht anders angegeben): Kay Tschersich

Titelbild: Lutherkirche in Leipzig (Adobe: @ Bumann – stock.adobe.com); Buchenblätter (Adobe: @ eyetronic – stock.adobe.com)
Fotos: Adobe: © Animaflora PicsStock – stock.adobe.com (80/81), © ArTo – stock.adobe.com (43 kl., 132, 238), © Bumann – stock.adobe.com (44, 68), © ClaraNila – stock.adobe.com (172), © empics – stock.adobe.com (126), © etfoto – stock.adobe.com (119 kl.), © fotograupner – stock.adobe.com (156), © Henry Czauderna – stock.adobe.com (130), © Janis – stock.adobe.com (12), © jessicahyde – stock.adobe.com (div. Seiten), © LianeM – stock.adobe.com (133), © Mark Lämmchen – stock.adobe.com (119 gr.), © Monika Wisniewska – stock.adobe.com (237), © naturepicture – stock.adobe.com (176/177), © Ralf Geithe – stock.adobe.com (139, 143), © Sina Ettmer – stock.adobe.com (136, 146), © stylefoto24 – stock.adobe.com (22/223)

Gestaltung / Illustration – Composing / Agenten und Freunde Iris Streck München

Illustrationen: Adobe: © val_iva – stock.adobe.com, mtmmarek – stock.adobe.com, © Azar – stock.adobe.com, © askaja – stock.adobe.com; creativmarket: © amber&ink, © NassyArt
Illustrierte Karten und zugehörige Miniaturen, wenn nicht anders angegeben / Agenten und Freunde Martina Dobrindt München
Miniaturen auf Karten: Adobe: @ mtmmarek – stock.adobe.com (Wein), @ Stoyan Haytov– stock.adobe.com (Schaufelrad), @ val_iva – stock.adobe.com (Vogel, Salamander, Schilf, Wasser); Shutterstock: @ popcic/Shutterstock.com (Kanu)

Grafische Herstellung und Karten: © KOMPASS-Karten GmbH unter Verwendung OpenStreetMap Contributors (www.openstreetmap.org)

Erzähl uns von deinen Abenteuern auf Instagram und Facebook mit: #folgedeinemKOMPASS

BIKE-BUCKETLIST LEIPZIG & UMGEBUNG

WEINBAU STATT TAGEBAU

Wo einst Schaufelradbagger die Landschaft schluckten, genießt du den Seeblick von der Straußwirtschaft mitten im Weinberg Goldener Steiger.

Tour 15 // Seite 141

DIE COSTA COSPUDA VON OBEN

Der Leipziger liebstes Ausflugsziel liegt dir nach 180 Stufen zu Füßen. Vom Turm auf der Bistumshöhe genießt du den Blick auf den Cospudener See. Danach gibt's Crêpes beim Kiosk.

Tour 1, 21 // Seite 14, 219

TOUR 6

WAHRZEICHEN

Kühn thront die Bergkirche Beucha auf dem Felssporn hoch über dem See. Selbst beim Bad im kristallklaren Wasser mag man den Blick kaum von der grandiosen Kulisse abwenden.

Seite 50

SEHEN UND GESEHEN WERDEN

Im donnernden Galopp brausen die Pferde vorüber, Wettscheine werden ausgefüllt oder zerknüllt. Über allem schweben gewagte Hutkreationen. Knisternde Spannung? Auf der Rennbahn Scheibenholz inklusive!

Tour 1, 19 // Seite 10, 182/183

KANUTOUR IM AUWALD

Das Wasser der Pleiße plätschert leise gegen die Bordwand des Kanus, ein Frosch quakt. Du lässt dich unter dem Blätterdach der Baumriesen treiben.

Tour 11 1/2 // Seite 102

DAS VÖLKERSCHLACHTDENKMAL ERKLIMMEN

Erst standen die Leipziger dem Völkerschlachtenkmal reserviert gegenüber, denn Sachsen gehörte zu den Verlierern der Schlacht. Heute ist der Aufstieg über 364 Stufen ein Muss und das Panorama atemberaubend!

Tour 9 // Seite 73, 75